27

FOTO**TORST**

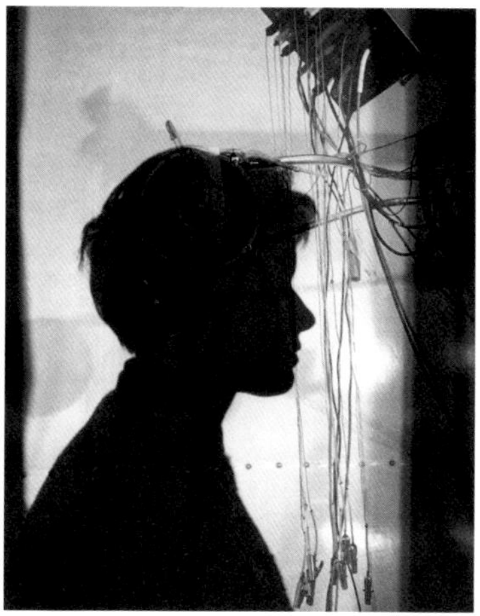

JOSEF MOUCHA

Eva **Fuková**

TORST

Kniha byla vydána ve spolupráci s Ministerstvem kultury České republiky.

ISBN 978-80-7215-306-4

Eva Fuka, Reflections

Introducing a discussion on photography in the Mánes Art Society in late April 1962, the writer and film specialist Jaroslav Boček presented a paper in which he referred to Eva Fuka as the most distinctive artist in the field (together with Miloň Novotný, who, however, was oriented to documentary photography): "By surmounting the Surrealist impulse, she has made her own the art of suggestion, counterpoint, allusion, expressing oneself so that the viewer completes the picture."[1]

The phantasmagoric quality of fleeting moments became her inspiration. Consequently, her apparently inadvertent observations remain fresh today. She uses them to suggest her own life experience, but also opens paths to the subconscious for the viewer. While an émigré Eva Fuka reinforced the striking contours of her central-European imagination.

Eva Fuka (née Podešvová) graduated from the Academy of Fine Arts, in Prague, where she studied with Professor Vlastimil Rada, a former classmate of her father's. That same year, 1950, she married the artist Vladimír Fuka. They lived at Letná, Prague, not far from the school they used to attend, where Eva's father, František Podešva, had once studied as well.

But unlike in her father's student days, the country was no longer under a democratic regime and students no longer sang about Letná Park as a "painters' paradise." The official turn towards Socialist Realism had a detrimental effect on the arts in all countries where the Soviet Union had direct influence after the Second World War. The doctrine was, at least on the surface, obligatory for every artist, and ultimately undermined artists' integrity and self-confidence. Many were struck down before they could leave any lasting traces.

After the Communist takeover in late February 1948 all work for exams was supposed to have subject matter promoting the dictatorship of the proletariat. Like Eva, Vladimír Fuka was also endowed with an unyielding nature: though he chose contemporary situations as his subject matter, the result was not Socialist Realism, but a debate with it. Though Eva Fuka studied painting, she was increasingly attracted to photography. She arrived at the Academy of

Fine Arts with her apprentice's certificate from the studio of the portrait photographer Miro Bernat and diploma from the photography studio of the School of Graphic Arts. There, she met Rudolf Skopec, a teacher, historian, collector, and photographer, who was working in the spirit of New Objectivity. Eva also studied with the photographer Josef Ehm who was influenced by Surrealism. Although Surrealists had to go underground during the German occupation of Bohemia and Moravia (from March 15, 1939, to May 9, 1945), Ehm managed during the earlier part of the occupation to publish Surrealist photographs in the periodical *Fotografický obzor*, of which he was an editor.

Eva Fuka acquired the basics of being a professional photographer from Bernat. In her brief, unpublished memoirs, Eva also evokes some of the atmosphere of those days. Bernat, she recalls, "liked to sing and accompany himself on an upright piano, which miraculously managed to fit into his little studio. He loved his wife and often sang the aria "Sì, mi chiamano Mimì" from Puccini's *La Bohème*."[2] The Surrealism-inspired photographer and future film-director Bernat often asked Eva to recite poetry. "I recall," Eva says, "that after a recitation of Wolker's *Balady o nenarozeném dítěti* (Ballad of an Unborn Child), the Bernats, a childless couple, looked at me searchingly, and I had the impression they weren't quite sure I understood the mystery of conception."

At that time Vladimír Fuka was also introduced to photography. During the war he was one of a few young people whom Josef Sudek took the risky step of hiring, thus saving them from being conscripted to do forced labor for the Germans. Many years later, in early spring 1977, a few months after Sudek's death, Vladimír Fuka recalled his time at the great Czech photographer's studio: "I was glad I could finally find out what the Benda family meant to Mozart and perhaps why the Air from Bach's Third Suite is so moving and Caravaggio's still lifes are so miraculously and ingeniously illuminated."[3]

In the '50s Eva Fuka walked through Prague with her camera around her neck and her young daughter Ivana on her shoulders. This was the beginning of her career. She was cut off from the rest of the world by strict censorship. The borders remained under the ever-watchful control of the armed forces. As in the years of German occupation and war, under Communist rule streets full of lights and cafés with people enjoying themselves freely remained but a dream. Being part of the Soviet bloc meant a long arms race and severe economic difficulties. To survive totalitarianism the population lived in total hypocrisy. Specter-like shadows drifted over the eternally drawn roller blinds of expropriated and closed-up shops, propaganda dominated the cinemas and theatres. The streets and romantic nooks of old Prague were crumbling from neglect. The Castle high on the city skyline became an apparition straight out of the works of Kafka. Rainwater leaked through rusted gutters into plaster walls. The artist Vladimír Boudník (1924–1968) walked through the streets, and with a brush and some paint, he would modify the cracks on the walls into fantastic shapes. Eva Fuka altered the reality depicted in her photographs.

Vladimír and Eva Fuka were part of the circle of artists who came out of the Czech trend called *civilismus*. Together with artists who continued the ideas of the Prague-based Skupina 42 (The 42 Group) they used existential subject matter and symbols.[4] Eva Fuka's early work did not draw solely on Surrealism: not only did she, like her contemporaries, carry on the legacy of the Avant-garde, whose members had been driven underground by the regimes of Hitler and Stalin, but she also helped to advance art in an important way. "The members of the new group," remarks the experimental poet Josef Hiršal (1920–2003), "explored a wide variety of topics from literature, the fine arts, and music, and read samples of their own works [...]."[5] Eva Fuka wrote: "We were an inseparable group, seeing each other almost every day. We were all poor, because none of us made anything the regime would have found acceptable. [...] A shared fate united us resolutely during the Stalin years. [...] Back then, of course, we didn't dare gather in cafés. The secret police were always tailing us. Sometimes they were skulking about below our windows. During the show trials, when we were not allowed to gather in groups, our friends would trickle into our place and then leave one by one."

In those oppressive years, this group started up a magazine strictly for themselves called *Magáč* (Mag). It was a starting point, but was also dangerous since freedom of expression and group activities were strictly forbidden. The preliminary hearings with members of the Czech intelligentsia were enough to get the poet Jiří Kolář (1914–2002) put into detention for nine months beginning at Christmas 1952. Eva recalls: "I was very happy to hear Kolář say that thanks to my *Snář* (Dream Book) he was able to survive his time in prison more easily. *Snář* was a book of collages based on the entries in Aleš's *Snář*.[6] For each of the entries I used a suitable illustration, which was meant to suggest the explanation of a dream, though on another level. The result was an absurd collection of texts and images. I made *Snář* in the summer of 1951. Unfortunately it got lost together with everything else we left behind when going into exile." Of Fuka's early photographs only a small number of the negatives taken with a 6 × 6 Rolleiflex have been saved. She got the camera from the writer-translator Zdeněk Urbánek (b. 1917) in exchange for her Leica, one of the first models. "The Rolleiflex had excellent optics," recalls Eva, "but nothing of what we expect from a modern camera today. It became the equipment I used throughout my career. Since the negatives from the Leica completely crumbled with age, I lost documents of rare moments."

Photography allowed Eva Fuka to combine her innate sense of aesthetics with the unrepeatable quality of snapshots. She dealt with photographs as individual creations rather than a series on a theme. For her the content forms the creative vision; she creates simply in the ways she looks at objects; she is interested in capturing reality and its interpretation.

Since early childhood, Fuka developed her visual sensitivity by observing her father painting and working as an editor and art director. Soon she was also experimenting with the relationships emerging between two or more photographs, the way they evolve, and the effect it has on their meaning: "There were photographs lying around all over the house, and we could poke about freely in the unused ones. I often returned to the ones I liked best. Following my father's example, I also pasted together my own "magazine." When Eva Fuka began to take photographs professionally, she carefully selected prints to face each other on opposite pages of her "diary." This led to the juxtaposition of motifs in a single image or sometimes using the method of montage.

Her *Snář* was based on a transcendence of this vision. She describes how in this book she "used to paste contrasting motifs on facing pages. There was either already some relationship between them or one emerged when they were placed together."[7] This suggests that the motivation for Eva Fuka's art has been a desire to comment on what she sees. One way to make the viewer pay greater attention and notice moments torn out of time, even to give them meaning, is to disrupt simple geometric structure by using a disharmonic figure.

Kolář stood up for the more creative part of Fuka's work, which Boček, in his lecture, did not fully appreciate. Below a print of Fuka's *Simultaneous Portrait* Kolář wrote: "It is when the viewer wants to see one thing, and the artist, by chance, presents him with what he, the artist, must see, that the great contra-

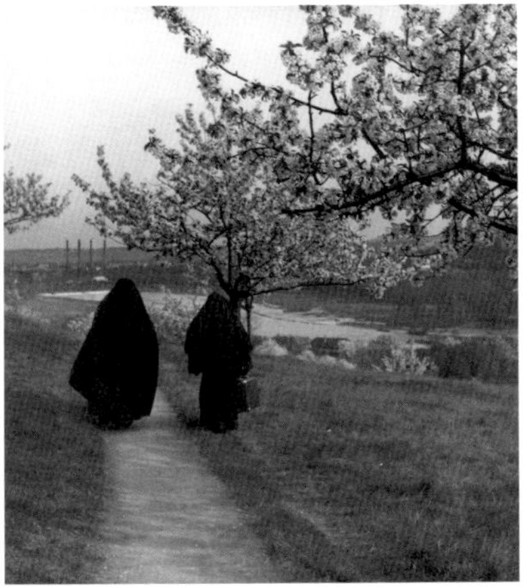

Springtime at the River Vltava / Jaro u Vltavy, 1941

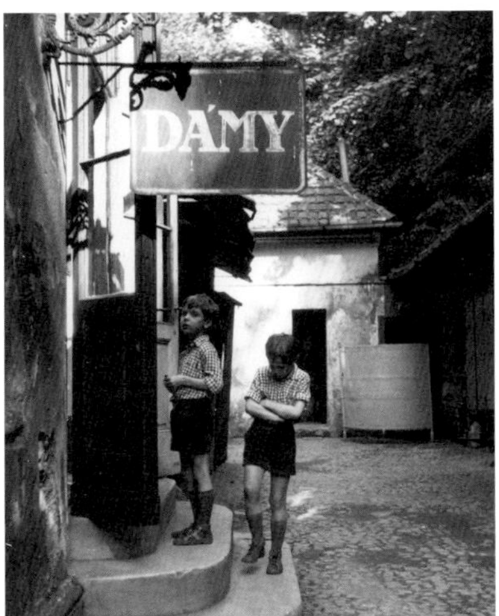

Ladies / Dámy, c. 1959

dictions between artist and viewer arise! [...] There is always something in this world, which wants to be new under the sun, even if it is only a new arrangement of what already exists, because even that is enough. It is enough to speak in another voice, see with other eyes and in a different way from everyone else beloved before us."[8]

In a single breath, Kolář has thus explained his own approach. Together with Urbánek he used to enjoy making "confrontages." Eva Fuka recalls how during the weekly meetings of the group, Kolár used to complain: "Boys, what am I supposed to be writing about all the time? Where am I supposed to get the material?" He started cutting illustrations out of newspapers and magazines and pasting them together in a way different to what we know from the collages of the Surrealists. In his autobiography, written in 1957, the writer Bohumil Hrabal (1914–1997) explains the importance that Kolář attached to creating meaning by juxtaposing unlike parts of pictures: "'I'll make you pay attention to our [Jakub] Schikaneder, the first to paint the *confrontage*. The worker has fallen from the building, people walk by and can't see the dead man because there is a board fence separating them from that tragedy,' fulminated the poet Jiří Kolář."[9]

Eva Fuka should not be left out of this history, yet the historian of photography Jaroslav Anděl, for example, notes: "In the early 1950s the writer Zdeněk Urbánek made a set of collages that he called 'confrontage' and 'rapportage'. These works came about as a contribution to the dialogue between the writers and painters in the group – Urbánek, Jiří Kolář, Vladimír Fuka, Kamil Lhoták, Josef Schwarz, and the musician Jan Rychlík –, and they provided the decisive impetus to the collage work of Jiří Kolář."[10] An anonymously published photograph by Eva Fuka, however, constitutes a tacit, but uncompromising challenge to this version of history. Taken at the cottage of her parents in the Beskid Mountains, where she was spending the summer, the photo shows Urbánek, Kolář, Vladimír Fuka, and Hrabal looking through her *Snář*.[11]

Fuka's mature work began in the early 1950s, documenting the distorted relations in society. The years of the Cold War provoked her to add irony and absurdity to her lyrical imagination. Nevertheless, in 1962 the photographer Vilém Reichmann (1908–1991), a member of the older generation and formerly of the post-Surrealist Brno-based Ra Group (Skupina Ra), wrote: "On the road to the poetic photography of objects, it is probably Eva Fuka who has gone farthest in this country at present. Many of her photographs have the direct, sometimes even bewitching effect of a poetic statement. We have the feeling that something inexpressible has been expressed, something unseen seen."[12] He shows even greater appreciation for Eva Fuka in a dictionary entry: "Her work is also part of the context of progressive visual art, which, following on from the Surrealism and 'civilismus' of the pre-war period, resisted the aesthetics of Zhdanov [the head of Soviet ideology] and accepted the impulses of the philosophy of Existentialism and post-war movements in art (Pop Art and Art informel)."[13]

Though the colossal Stalin monument, scarring the skyline of Prague at Letná, was dismantled in autumn 1962, apparently signaling the Communist regime's intention to reform itself, with the Soviet-led military intervention of August 1968 and subsequent occupation the borders of the country were immediately closed again and a hard-line regime soon took power.

The Fukas left for the United States in 1967. Their departure was later described by Eva in a letter of July 1991 to the organizers of the exhibition *Czechoslovak Photography in Exile, 1939–89*: "We went to Zurich where *Graphis* magazine wished to interview Vladimír for a special issue about Czech graphic artists. (The article appears in issue no. 129, 1967.) We requested asylum in Germany while applying for immigrant visas for the United States. Six months later we were granted them and left. We first settled in New York City."

As soon as the Communist regime collapsed in 1989 the taboo on émigrés was lifted, and the two Czech photography magazines then in existence rushed to have contributions about Eva Fuka. For those who didn't remember any of her imaginative exhibition installations, artistically defined environments, the direction Fuka's work took abroad may have come as a surprise. After all, younger viewers usually knew her work only from what appeared in books, including those in the publication *New York* (1966) and the relatively accessible monograph *Eva Fuková* (1963).

Although the curator-art historian Zdenek Primus managed to organize a traveling retrospective of Eva Fuka's work in 1996 (in parallel with exhibitions of work by Vladimír Fuka), the key to fully appreciating Eva Fuka's work may lie in the set of photographs and montages, which was inspired by the 1964 visit to the USA.[14]

The American series from 1964 links the French Surrealist tradition with the special qualities of the Czech school from the 1920s called "Poetism" and the elements of Pop Art.[15] Using montage and other techniques it corresponds to characteristically American phenomena, in particular the sets anticipating her "multiplages" of the 1970s. Eva Fuka coined this neologism for the sequential development of a motif. By multiplying images she was putting into practice ideas defined back in 1963: "I feel that in photography structure should be connected to the whole, the way the structure of a painting is connected with the effect of the image."[16]

From the quality of the photos created during her first visit to the USA it is clear what a fundamental challenge America represented for her. Eva Fuka's feel for "nonsense" was stimulated by the great amount of "exotic" material, particularly in the form of prefabs. At every turn America inspired her to respond to the superabundance of symbols in advertisements or numbers and signs of all shapes and sizes. Fuka's first American works make the aesthetics of subjective photography quite relative, that is to say, inevitably marked by the post-war movement bound to the previous oppressed Avant-garde. Under the influence of her American experience of reality, their impetuses would become weaker. Reflections of mass consumption and hyperbole appear in her work. It was as if her art were in correspondence with the works of Andy Warhol, Robert Rauschenberg, Jasper Johns, Claes Oldenburg, Roy Lichtenstein, Marisol Escobar, Lee Bontecou, and Jim Dine.

Although American art was clearly at a peak while Eva Fuka was in America, one has to bear in mind that her first trip there lasted only two weeks. At that point the only way she could find her bearings was with her intuition. It is therefore entirely credible when she declares:

I was not influenced by anyone, nor did it occur to me to try out someone else's technique. I simply created my own world. Sometimes the results may have been awkward, but it was my world, which no one but me could live. Somehow world trends didn't matter to me. I didn't even know about them, let alone miss them.

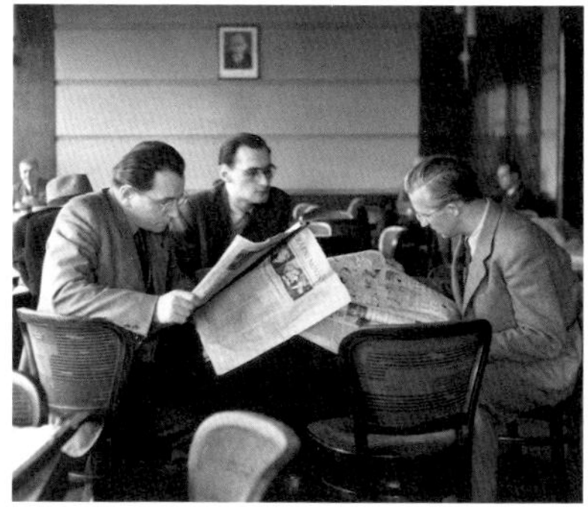

Jiří Kolář, Vladimír Fuka, and Zdeněk Urbánek, Café Slavia / v kavárně Slavia, c. 1954

Fuka learnt about the work of most important American artists only later. She could not, of course, overlook the bizarreness of the milieu in which she found herself. Her first printed and altered photos from 1964 bear the hallmark of American culture and reveal a turning-point in her art. This reaction to the striking aberration of Euro-American civilization, primarily the urban cluster of New York City, the megalopolis so remote in appearance from that of her homeland at the time, constitutes the decisive, semantic shift in her work.

Eva Fuka linked the heights of civilization with trivial subject matter. She noticed, for instance, the slickness of shop windows and the corroded scrap of the big city. The workers having lunch on Brooklyn Bridge appear to echo a sculpture by George Segal, except that reality seems to be the subject matter of this photograph. Instead of plaster-impregnated gauze strips, representing the tangibility of imprints of human bodies in museums, we are presented with an imaginary form of reality itself.

The 1960s contributed to balancing out the relationship between photography and the traditional visual arts. Everything changed, including the way artists, the public, and theorists looked at things. And this radical change in thinking continued to radiate from all the work Eva Fuka made with the inspiration of her American visit. The mood of those days appears together with objective features as the hallmark of the times in which they emerged: Neo-Dada with its found objects, the mirage-like quality of advertising slogans, reflections of abstraction, pop icons, the illusions of Op Art, the experience of reality substituted for by mass-media-conveyed reality, comics, the recycling or quotation of the work of others, mobility, seriality, the endless repetition of the banal and its penetration into the world of galleries, the resonances of the hunt for souvenirs, the conceptual nature of art, the hallucinatory confusion of reality for the dream and the dream for reality, and, last but not least, the fragility of a civilization dependent on vulnerable technology.

The only tangible thing that has remained for Eva since that first mission to America is prints made shortly after the photographs were taken. "Everything else," she says, "including Vladimír's ingenious *Labyrinths*, was probably 'burnt at the stake of hatred,' to put it poetically."[17]

Eva Fuka's work as a whole does not consist in a single style, yet it has its own diction. Although she was reacting to situations in Europe different from those in America – which means her forms of expression are also somewhat different – this does not go against the deeper unity of her imagination. After all, even with multiplages she had, as early as *Snář*, been bringing to maturity the clever principle of splicing together smaller elements to make images. In America her approach was aimed at achieving larger dimensions. Her statement took its content from pursuing the same subject matter in various contexts, or, alternatively, the concurrence of diverse motifs with a single background. In the viewer's experience the individual variations eventually link up in a new meaning.

As Eva says, she is interested in the "confrontational encounter of reality and the absurd."[18] Although she remained with this approach for a long time, it did not lead to stagnation. On the contrary, in America she proceeded by way of multiplages to objects that – like her photography – came out of decipherable impetuses (as in *Next Autumn*, 1973). And no matter how much she used the selected impulses for own ends, she let the times in which the work emerged resonate.

Fuka did not develop her work in genre categories. She did it regardless of them, in order to remain true to her belief in the subversion of all tendentiousness by the use of irony. Her original use of the medium enabled her to juxtapose unmanipulatable shots with pictures that would be remade afterwards (including tinting parts of photographs, none of which, however, appear in the present publication).

She linked the two lines – the real and imaginary – in a distinctive microcosm of her own. The conventional assumption that a photograph is an authentic representation of reality became a challenge for her, using optical improbability to toy with the viewer's stereotypes: the final work can consist of an inconspicuous montage of only two photos projected on a single light-sensitive sheet of paper in keeping with all the rules of Realism; sometimes she needed to make only a small shift in the scale of the individual parts of the print to ensure that her work avoided being a conventional visual experience. It is one of the most interesting innovations ever to have come out of twentieth-century Czech art.

Even in the period before computer technology Eva Fuka expressed an interest in surmounting the handicap of the central perspective, which photographers are compelled to use owing to the nature of the single static lens.[19]

Compared with the situation in art photography today, in which academically trained women are much more involved than before, back when Eva Fuka was working she was largely alone in a field dominated by men. She made her mark by expressing herself soundly. And where form does not dominate, artifacts can mature: photographs in particular can intensify the irrevocability of a certain time.

Notes

1 Jaroslav Boček, "Život proti tradici," *Kultura* 6 (1962), no. 20, p. 3.

2 All quotations of Eva Fuka's, which are henceforth not footnoted, are from the typescript "Útržky života" (Fragments of Life). For this publication she has amended or expanded some.

3 Vladimír Fuka, "Sudek," in Jan Řezáč and Jan Mlčoch, *Růže pro Josefa Sudka / A Rose for Josef Sudek / 1896–1976*, Prague: Prague Castle Administration with the Museum of Decorative Arts in Prague, 1996, p. 193.

4 See, for example, Jindřich Chalupecký, "Svět, v němž žijeme," *Program D 40* 4 (1939/40), no. 4, pp. 88–89, in which he says: "The city – its people, its pavement, its lamp-posts or its streetlights, the signs of its shops, its houses, staircases, apartments – is the reality of the modern artist and poet."

5 Josef Hiršal, *Vínek vzpomínek*, Prague: Rozmluvy, 1991, p. 323.

6 Mikuláš Aleš (1852–1913) was a popular Czech painter and illustrator.

7 Jaroslav Boček, "Hovoří Eva Fuková," *Československá fotografie* 14 (1963), no. 2, p. 44.

8 Jiří Kolář, "Diskutujeme o současné fotografii," *Kultura* 6 (1962), no. 26, p. 7.

9 Bohumil Hrabal, *Vita nuova*, (1986) Prague: Československý spisovatel, 1991, pp. 202–03. Jakub Schikaneder (1855–1924) was a Prague-born, Munich-trained painter.

10 Jaroslav Anděl, *Česká fotografie 1840–1950: Příběh moderního média*, Prague: Kant, 2004, p. 87.

11 The photograph was used to illustrate an article by Marek Wollner, "Rozhovor se Zdeňkem Urbánkem: Lehkou rukou o vážných věcech," *Týden* 3 (1996), no. 48, p. 84.

12 Vilém Reichmann, "O umělecké fotografii věcí," *Fotografie* 6 (1962), no. 2, p. 28.

13 Antonín Dufek, "Fuková Eva," in Anděla Horová (ed.), *Nová Encyklopedie českého výtvarného umění*, Prague: Academia, 1995, p. 193.

14 See Zdenek Primus, "Brána do Ameriky / Gateway to America," in Z. Primus (ed.), *Eva Fuka(ová) / Tváře času / The Faces of Time*, Paris & Prague: Ernest Sturm, 1996.

15 Suzanne Pastor and Gena Hahn (ed.), Eva Fuka: *New York '64*, Prague: Odephil Editions, 2001.

16 Jaroslav Boček, "Hovoří Eva Fuková," *Československá fotografie* 14 (1963), no. 2, p. 44.

17 Eva Fuka in a letter to the author, dated 21 May 2001.

18 Anna Fárová (ed.), *Československá fotografie v exilu 1939–1989*, Prague: Asociace fotografů, 1992, pages unnumbered.

19 It was Kolář who, in 1950, enthusiastically noted in his diary: "No thief is as perfectly and impudently able to commit theft before the eyes of the public as are many painters, sometimes even the worst of them. You only have to go to exhibitions and compare what is original, not stolen, or is at least honestly borrowed there, and you will weep." J. Kolář, *Prométheova játra*, Prague: Československý spisovatel, 1990, p. 212.

Reflexe Evy Fukové

Na úvod diskusního večera o fotografii přednesl koncem dubna 1962 v Klubu umění Mánes spisovatel a scenárista Jaroslav Boček úvahu, prohlašující Evu Fukovou za nejsvéráznější osobnost oboru (spolu s jinak, dokumentaristicky, zaměřeným Miloněm Novotným): *„Osvojila si – překonáním surrealistického impulsu – umění náznaku a nápovědi, umění kontrapunktu, umění neříkat vše, ale vyslovit se tak, aby si divák vše domyslel.“*[1]

Pro Evu Fukovou se stala inspirací přeludnost letmých okamžiků. Její jakoby bezděčné postřehy si díky tomu zachovávají svěžest. Fuková jimi naznačuje vlastní životní zkušenost, zároveň však divákům otevírá cesty k podvědomí. V exilu stvrdila středoevropskou imaginaci efektní konturou.

Akademii výtvarných umění dokončila Eva Fuková pod dívčím jménem Podešvová u profesora Vlastimila Rady. Téhož roku 1950 se provdala za Vladimíra Fuku. Bydleli na Letné, nedaleko školy, v níž předtím studovali – a v níž se učil malovat i její otec. Jenže v Praze panoval docela jiný režim, než když se po první světové válce ulicemi rozléhala studentská hymna *„Tam na Letné, tam na Letné, tam malířů je ráj!“*.

Politika prosazující socialistický realismus neblaze poznamenala kulturu ve všech zemích, kam po druhé světové válce dosahoval přímý vliv Sovětského svazu. Doktrína byla – alespoň navenek – závazná pro každého umělce, který chtěl pod komunistickou vládou působit ve svobodném povolání a mít právo na ateliér. To lámalo charaktery a ničilo sebevědomí. Mnozí z dotčených zapadli dříve, než zanechali trvalejší stopu.

Když vstoupila Eva Podešvová v roce 1945 na akademickou půdu, kreslila akty a zátiší. Po únoru 1948 měly mít veškeré práce ke zkouškám obsah angažovaný dle diktatury proletariátu. Stejně jako jeho partnerka, byl i Vladimír Fuka nadán nepoddajností: i když volili dobové náměty, výsledkem nebyl socialistický realismus, nýbrž polemika s ním.

Eva Fuková vnímala malbu jako oficiální program, zatímco ji stále silněji přitahovalo fotografování. Na akademii šla s výučními listy z ateliéru fotografa Miro Bernata a z fotografického ateliéru Grafické školy. Na ní poznala pedagoga, historika a sběratele Rudolfa Skopce, fotografujícího v duchu nové věcnosti. Středoškolsky ji vyučoval i nadrealismem poznamenaný Josef Ehm. Za německé okupace během druhé světové války byl sice surrealismus ilegální, Ehm nicméně zveřejňoval surrealistické fotografie dokonce i časopisecky, když přechodně – od podzimu 1939 do března 1941 – redigoval *Fotografický obzor*.

Základy profesionalismu získala Fuková hlavně díky praxi u Bernata. V stručných vzpomínkách evokuje dobu učení i s okolnostmi: *„Miro Bernat rád zpíval a sám se doprovázel na pianinu, které se jako zázrakem ještě vešlo do malého ateliéru. Velice miloval svou ženu Mimi. Pucciniho árii ‚Mně říkají Mimi' jsem slýchala často."* [2]

Surrealisticky inspirovaný fotograf a budoucí filmový režisér si od své svěřenkyně přával recitaci vokálně nastudovaných básní: *„Pamatuji se, že po přednesu Wolkerovy* Balady o nenarozeném dítěti *na mne manželé Bernatovi zpytavě hleděli a já měla dojem, že si nejsou zcela jisti, jestli již chápu tajemství početí."*

Vladimír Fuka se s fotografií obeznámil rovněž. Patřil mezi válečné zaměstnance Josefa Sudka, který tímto riskantním způsobem uchránil několik mladých lidí před nucenou prací pro Německo. Po Sudkově smrti Fuka (v předjaří roku 1977) vzpomínal: *„Byl jsem šťasten, že se poprvé dovídám, co znamenala česká muzikantská rodina Bendů pro Mozarta a proč je asi Air Bachovy třetí suity tak tklivý a proč jsou Caravaggiova zátiší tak zázračně a důmyslně osvětlena."*[3]

V 50. letech procházela Eva Fuková Prahu s kamerou na krku a s dcerkou Ivanou na ramenou. Tak zakládala své dílo. Od světového dění byla odříznuta neprodyšnou oponou, hranice zůstávaly pod nepolevující kontrolou armády. Podobně jako za války se dalo nanejvýš snít o ulicích plných světel a o kavárnách, kde by se lidé svobodně bavili. Sovětská diktatura znamenala desítky let zbrojení a hospodářských potíží. Obyvatelstvo přijalo pokrytectví, aby totalitu přežilo. Přeludné stíny bloudily po věčně stažených roletách vyvlastněných a zrušených krámů, kina a divadla ovládly agitky, ulice a romantická zákoutí staré Prahy ničil nedostatek údržby. Hrad nad městem se stal kafkovským přízrakem, do omítek beznadějně zatékalo prorezlými okapy. Grafik Vladimír Boudník chodil ulicemi a přímo v terénu dotahoval štětcem fantaskní tvary puklin zdí; Eva Fuková proměňovala skutečnost fotografických snímků.

Fukovi patřili k okruhu tvůrců, který vyšel z civilismu. S pokračovateli pražské Skupiny 42 vyznávali existenciální ikonografii.[4] Výhradně surrealistickým předznamenáním se tedy nevyčerpává ani rané dílo Evy Fukové: nejenže se s vrstevníky hlásila k dědictví avantgard, zahnaných Hitlerem a Stalinem do ilegality; zároveň se podílela na výrazných tvůrčích pokrocích. *„V nové skupině probírala se nejrůznější témata, literární, výtvarná i hudební, četly se ukázky vlastních prací...“*[5] Sama Fuková o tom napsala: *„Utvořili jsme nerozlučnou skupinu a snad jsme se vídali denně. Všichni jsme byli chudí, nikdo z nás netvořil nic, co by se hodilo režimu. [...] Společný osud nás na těch pár stalinských let pevně spojil. [...] V té době jsme se samozřejmě neodvažovali vysedávat po kavárnách, fízlové byli stále v patách, někdy se potulovali pod okny. V čase politických procesů byl zákaz shromažďování a tak se přátelé trousili k nám a od nás po jednom.“*

Neoficiální skupina vytvářela v politicky krutých letech soukromý magazín zvaný *Magáč*. Jako východisko k další práci byl přínosem, ale na druhé straně také nebezpečím: vždyť svoboda projevu neměla existovat a spolková činnost byla zapovězena.

Přípravy přelíčení s českou inteligencí stály básníka Jiřího Koláře devět měsíců ve vazební věznici (počínaje Vánoci 1952): *„Kolářovo prohlášení, že dík mému* Snáři, *o kterém si pábil, se mu snadněji přežívala vězeňská doba, mě samozřejmě ohromně potěšilo.* Snář *byla kolážovaná knížka na základě hesel Alšova* Snáře. *K heslům jsem použila adekvátní reprodukce, které ale zároveň musily vyjadřovat i vysvětlení snu, ale zase v posunuté rovině. Výsledkem byla absurdní kolekce textu a obrazu.* Snář *jsem vytvořila v létě 1951 a moc mě mrzí, že se ztratil se vším ostatním, co jsme musili zanechat v bytě při odchodu do exilu.“*[6]

Z raných fotografií Evy Fukové se zachovala jen část záběrů na střední formát čtvercového Rolleiflexu. Spisovatel a překladatel Zdeněk Urbánek jej vyměnil za sběratelský přístroj Leica, *„jeden z prvních modelů. [...] Rolleiflex měl výbornou optiku, jinak neměl nic, co dnes samozřejmě očekáváme od moderní kamery. Stal se nástrojem celé mé kariéry. Negativy z Leicy se stářím úplně rozsypaly, tak jsem přišla o dokumenty vzácných okamžiků.“*

Fotografování dovolovalo Fukové kombinovat vrozený smysl pro estetiku s neopakovatelností momentky. Fotografie řešila jako solitéry: nechtěla vystavovat tematické cykly, nýbrž soběstačné obrazy. Jejich obsah zakládá kreativnost vidění, neboť umělkyně tvoří již tím, jak se dívá; jedná se jak o zachycení, tak o interpretaci skutečnosti.

Eva Fuková rozvíjela citlivost pro specifika vizuálních médií od dětství, v němž byla svědkem otcova malování a činnosti výtvarného redaktora. Brzy si také vyzkoušela, jak vznikají a jak se mění mezi dvěma i více fotografiemi vztahy – a co to dělá s jejich významy: *„V domě se všude povalovaly fotografie a v těch nepoužitých jsem se mohla volně prohrabovat. K těm nejoblíbenějším jsem se stále vracela. Také jsme si po tátově vzoru se sestrou slepovaly vlastní ‚časopis'.“* Když začala Fuková vážně fotografovat, umisťovala zvětšeniny na dvoustrany deníku. Odtud se odvíjela konfrontace motivů v jediném záběru, popřípadě metody montáže.

Na přesahu vidění stavěl již *Snář*. Autorka popsala, jak *„nalepovala vždy na jednu stránku velmi protilehlé motivy, mezi nimiž byl nějaký vztah, nebo jejichž spojením vznikal vztah.“*[7]

Fuková tím naznačuje, jak se mohlo stát motivací tvorby komentování viděného. Způsobem, jak přimět diváka, aby zvýšil pozornost a povšiml si momentů vyrvaných míjení, ba aby jim přikládal význam, je třeba i porušení geometrie disharmonickou figurou.

Jiří Kolář se zastal artificiálnější části tvorby Evy Fukové, kterou Jaroslav Boček v úvodem citované přednášce nedocenil. Pod reprodukci Fukové *Simultánního portrétu* Kolář napsal: *„Veliké rozpory mezi umělcem a divákem vznikají právě tehdy, když divák chce vidět, co by si přál, a umělec mu náhodou předložil, co musel vidět on! […] Neboť je stále na světě něco, co chce být něčím novým pod sluncem, i kdyby to mělo být jen nové uspořádání toho, co již je, protože i to by bylo dost. I to by bylo dost: promluvit jiným hlasem, vidět jinýma očima a jiným způsobem než všichni milovaní před námi.“*[8]

Kolář tu jedním dechem hájí sebe: spolu s dalším spisovatelem, Zdeňkem Urbánkem, holdoval totiž takzvaným konfrontážím. Eva Fuková vzpomíná, jak si při týdenních schůzkách skupiny, v níž byla jedinou ženou, stěžoval: *„Kluci, co mám pořád psát, kde to mám brát?“* Vystřihoval pak tedy reprodukce z novin a časopisů, aby je lepil dohromady jiným způsobem, než známe ze surrealistických koláží. Jakou důležitost pro něj mělo utváření významu na základě protikladu dílčích obrazů, naznačí citát z autobiografie Bohumila Hrabala (sázené bez interpunkce): *„Já tebe činím ale pozorna našeho Schikanedera který první namaloval konfrontáž dělník spadl ze stavby a chodci kráčejí kolem něj a nemohou vidět zabitého protože mezi tou tragédií dělníka je prkenný plot Hřímal básník Jiří Kolář“* (rozumí se v roce 1957).[9]

Fuková by neměla být z této historie vynechávána: *„Spisovatel Zdeněk Urbánek vytvořil na počátku padesátých let soubor koláží, jež pojmenoval termíny konfrontáž a raportáž. Tyto práce vznikly jako příspěvek k dialogu spisovatelů a malířů ve skupině, skládající se vedle Urbánka z Jiřího Koláře, Vladimíra Fuky, Kamila Lhotáka, Josefa Schwarze a hudebníka Jana Rychlíka, a poskytly rozhodující podnět pro kolážovou tvorbu Jiřího Koláře.“*[10]

Tichou, leč nesmlouvavou polemikou s citovanými dějinami Jaroslava Anděla je anonymně otištěný snímek Evy Fukové. Ta si na památku vyfotografovala chvíli, kdy Urbánek, Kolář, Fuka a Hrabal prohlížejí její *Snář*.[11]

Zralá tvorba Evy Fukové se rozvíjela od počátku 50. let jako reflexe zvrácenosti společenských poměrů. Epocha studené války podněcovala prostupování lyrické imaginace ironií či absurditou. Vzhledem k tomu nemohla být v době vzniku vystavována. Nicméně roku 1962 napsal o generaci starší oborový kolega Vilém Reichmann, druhdy příslušník brněnské postsurrealistické Skupiny Ra: *„Na cestě básnické fotografie věcí u nás v přítomné době snad nejdále dospěla Eva Fuková. Mnohé její fotografie mají bezprostřední, někdy až uhrančivou působivost přímé básnické výpovědi. Máme pocit, že bylo vysloveno něco nevyslovitelného, viděno nevídané.“*[12]

Rozvinutím Reichmannova ocenění je slovníkové heslo o Evě Fukové: *„Její dílo je i součástí kontextu progresívního výtvarného umění, které v návaznosti na předválečný surrealismus a ‚civilismus‘ vzdorovalo ždanovovské estetice a přijímalo podněty filosofie existencialismu a poválečných uměleckých hnutí (pop-art, informel).“*[13]

I když byl na podzim 1962 z Letné odstřelen kolosální Stalinův pomník, hyzdící horizont Prahy, a totalitní režim se rozpačitě zkoušel skrýt za masku lidské tváře, škrabošku při první příležitosti odložil: koncem srpna 1968 získal záštitu v podobě okupační Sovětské armády a ihned uzavřel hranice.

Fukovi odešli do Spojených států roku 1967. Okolnosti přiblížila umělkyně pořadatelům výstavy *Československá fotografie v exilu 1939–1989* dopisem

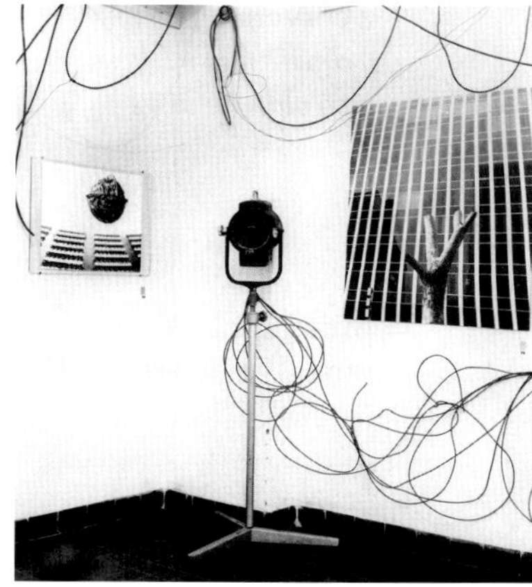

Traces / Codes / Games / Horizons, installation, Prague / Instalace Stopy / kódy / hry / horizonty, Praha, 1965

z července 1991: *„Jeli jsme do Zürichu, kde magazín* Graphis *vydával Vladimírův medailon a chtěli s ním udělat interview. (Článek vyšel v No 129 / 1967.) O asyl jsme požádali v Německu a po půlročním čekání jsme odcestovali do USA, kde jsme se nejdříve usadili v New Yorku.“*

Jakmile s rozpadem komunistického režimu přestala platit na exulanty uvalená klatba, oba tehdejší české fotografické časopisy přispěchaly s příspěvky o Evě Fukové. Pro každého, kdo nepamatoval ani jedinou její nápaditou instalaci výstavy, přecházející v umělecky vymezené prostředí, mohlo být překvapením, jak autorčina tvorba v cizině pokračovala. Vždyť mladší diváci zůstali zpravidla odkázáni výhradně na knižně reprodukované stopy – mimo jiné v nakladatelském projektu *New York* a v relativně dostupné monografii.

Putovní retrospektivu Evy Fukové se podařilo zařídit Zdenku Primusovi roku 1996, paralelně s výstavami Vladimíra Fuky. Klíčem k docenění Fukové může být (až na pár tehdy dostupných výjimek) touto retrospektivou pominutý soubor snímků a montáží, inspirovaných návštěvou Spojených států roku 1964. Syntetizuje – a tím nově zhodnocuje – podněty etapy dovršené v rodné zemi, aby připravil éru exilovou.[14]

Americký soubor z roku 1964 propojil francouzské surrealistické tradice se specifiky českého poetismu a rejstříkem pop-artu.[15] Montážní zásahy a jiné tvárné techniky korespondují s charakteristicky americkými zjevy – viz sestavy předjímající multipláže 70. let.

Termín *multiplage* užívá autorka pro sekvenční rozvíjení motivu, jehož zmnožením naplňuje sklony pojmenované již roku 1963: *„Cítím, že i ve fotografii by měla struktura souviset s celkem, jako souvisí struktura malby s účinkem obrazu.“*[16]

Z množství a kvality záběrů uskutečněných během krátké cesty do Spojených států je znát, jak zásadní výzvou Amerika byla. Cit Evy Fukové pro nonsens oslovily zásoby neokoukaného tvořiva: na každém kroku provokovala k odezvě přemíra reklamních, popřípadě numerických symbolů, orientačních ukazatelů a všemožných návěští.

Hned první americké práce Evy Fukové relativizují estetiku subjektivní fotografie, tedy poválečného hnutí nezbytně navazujícího vztahy s mocensky potlačenými ideály předchozích avantgard. Jejich podněty pod dojmem americké zkušenosti slábnou. Nastupuje reflexe masové spotřeby a zveličování... Eva Fuková jako by korespondovala s jmény Andy Warhol, Robert Rauschenberg, Jasper Johns, Claes Oldenburg, Roy Lichtenstein, Marisol Escobar, Lee Bontecou, Jim Dine...

Byť je nasnadě evokace hvězd, planoucích nad americkým obzorem 20. století, nepřehlédněme, že první fotografčin zaoceánský výlet trval dva týdny. Během nich se sotva mohla orientovat jinak než intuitivně. Následující vyznání proto působí důvěryhodně: *„Nebyla jsem nikým ovlivněna a také mě ani nenapadlo zkoušet něčí techniky. Tvořila jsem si prostě svůj svět, někdy výsledky byly možná i neohrabané, ale byl to svět můj, který nemohl žít nikdo jiný než já sama. Nějak mi nezáleželo na světových trendech a ani jsem o nich nevěděla a ani je nepostrádala.“*

O práci většiny amerických osobností se Fuková dovídala teprve postupem času. Nemohla ovšem přehlédnout bizarnost prostředí, v jakém se ocitla. Její hned roku 1964 nazvětšované a přetvořené záběry nesou punc americké kultury a svědčí o uměleckém zvratu.

Významový posun je reakcí na nebetyčný výstřelek euroamerické civilizace, především na drúzu New Yorku, megapole tak vzdálené vzhledu tehdejší fotografčiny domoviny. Fuková propojila civilizační výšiny s triviálními náměty. Všímala si například lesku výkladů a naproti tomu ošuntělosti jiných prostředí. Improvizovaný oběd na Brooklynském mostě jako by byl ozvěnou sousoší George Segala. Jenomže látkou obrazu se zdá být realita. Namísto sádrou napuštěné gázy, reprezentující v muzejních prostorách hmatatelnost otisků lidských těl, máme co dělat s imaginární podobou samotné skutečnosti.

Vyrovnanost vztahu fotografie a klasických výtvarných disciplín ostatně podpořila právě 60. léta. Změnilo se vše: způsoby nazírání umělců, publika, teoretiků. A myšlenkový přerod nepřestane vyzařovat z žádné práce uskutečněné bez zpoždění!

Spolu s věcnými rysy coby puncem doby vzniku se ve fotografiích Evy Fukové projevily tehdejší nálady: neo-dada s jeho nalezeným objektem, fantasknost reklamních sloganů, ozvěny abstrakce, lidové ikony, klamy optical-artu, medialita nahrazující zkušenost, comics, recyklace nebo citace cizích prací, mobilita, seriálnost prací tvořených na pokračování, nekonečné opakování banality a její průnik do galerijních sfér, honba za suvenýry i konceptuálnost umění, halucinatorní záměny skutečnosti za sen a snu za skutečnost a v neposlední řadě i křehkost civilizace závislé na zranitelné technice.

Je třeba zmínit, že takzvané vintage printy, průměty z doby vzniku negativů, jsou tím jediným, co z prvé americké mise Evě Fukové zůstalo. *„Vše ostatní,“* poznamenává, *„včetně Vladimírových geniálních* Labyrintů, *bylo pravděpodobně* ‚upáleno na hranici nenávisti‘, *jak by řekl básník.“*[17]

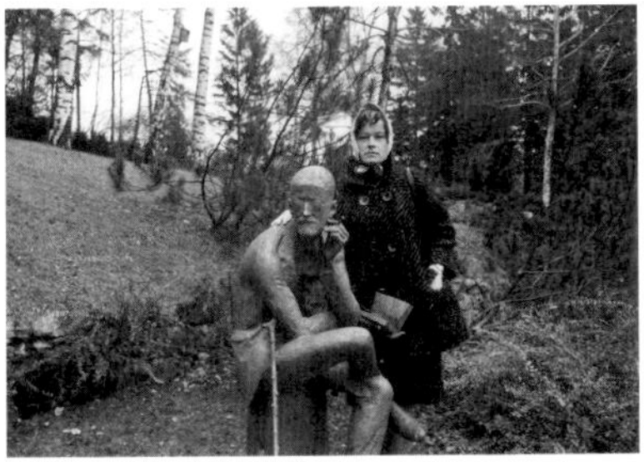

Eva Fuková with James Joyce / s Jamesem Joycem, Zürich / Curych, c. 1962

Celek díla Evy Fukové nepozůstává z jedné stylové vrstvy, drží si však osobní dikci: přestože umělkyně reagovala v Evropě a v Americe na odlišnou situaci – a její projevy se tedy do značné míry liší –, nejde to proti hlubší jednotě obrazotvornosti. Vždyť i multiplážemi rozvíjela již *Snářem* k zralosti dovedený princip sesazování obrazu z dílčích prvků. V Americe postupovala tak, aby dosáhla k větším rozměrům. Obsah dalo výpovědi sledování stejného námětu v různých souvislostech, nebo naopak souběh rozličných motivů s jediným pozadím. Jednotlivé variace se nakonec v diváckém zážitku propojí v nový smysl.

Evu Fukovou podle jejích vlastních slov zajímá *„konfrontační setkání absurdity s realitou.“*[18] Věrnost tomuto vyznání nepřivodila stagnaci. Naopak. Umělkyně postoupila v Americe přes multipláže k objektům, které vycházely – tak jako její fotografování – z dešifrovatelných podnětů (viz *Příští podzim*). A jakkoli dotahovala vybrané impulzy k vlastnímu záměru, přece nechala vyznít době, v níž ta která práce vznikla.

Fuková nerozvíjela tvorbu v žánrových kategoriích. Pracovala bez ohledu na ně, aby dostála osobní konfesi, náladou ironie podvracející veškerou tezovitost. Osobité uchopení média jí dovolilo stavět vedle sebe nemanipulované záběry s obrazy dodatečně přetvořenými (včetně lokálně kolorovaných, které tato kniha vynechává).

Obě linie – skutečnostní i fantazijní – spojila v svérázný mikrokosmos.

Zvykový předpoklad autenticity fotografie se jí stal výzvou k pokoušení diváckého stereotypu optickou nepravděpodobností: finální dílo může sestávat z nenápadné montáže pouhých dvou záběrů

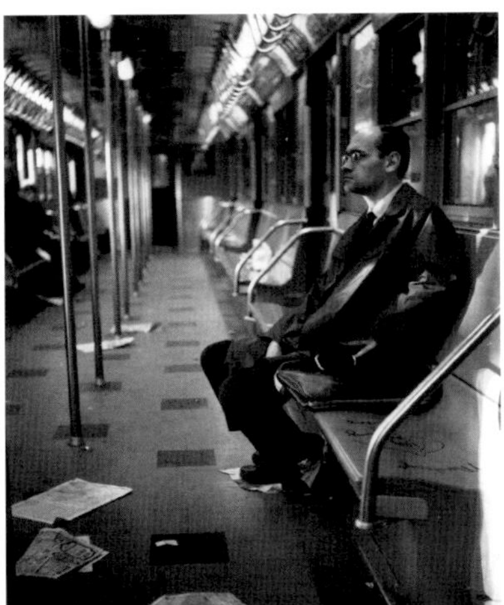

Vladimír Fuka, New York, 1972

promítnutých na jediný světlocitlivý list v souhlasu s veškerými pravidly realismu; běžné zrakové zkušenosti se vymkne třeba jen drobným posunem měřítek jednotlivých částí zvětšeniny. Skrývá se za tím jedna z nejzajímavějších inovací, která z českého umění ve 20. století vzešla. Vždyť Fuková již v epoše před nástupem počítačové techniky vyjádřila zájem překonat handicap centrální perspektivy, k níž fotografy odkazuje jediný statický objektiv. [19]

Ve srovnání se současným uměním fotografie, na němž se akademicky školené výtvarnice podílejí mnohem častěji, prosazovala se Eva Fuková osaměle. Nikdy při tom neopustila uměřenost projevu. A pokud schválnost formy nepřevládne, mohou artefakty zrát. Zejména fotografie jsou s to umocnit nenávratnost určitého času.

Poznámky

1 Jaroslav Boček: Život proti tradici, *Kultura* 6, 1962, č. 20, s. 3.

2 Tam, kde dále nebude poznámkami uváděn zdroj výroků Evy Fukové, jedná se o citaci strojopisu *Útržky života*. Pro přítomnou monografii autorka citáty upravila a doplnila.

3 Vladimír Fuka: Sudek, in: Jan Řezáč & Jan Mlčoch: *Růže pro Josefa Sudka / A Rose for Josef Sudek / 1896–1976*, Praha, Správa Pražského hradu ve spolupráci s Uměleckoprůmyslovým museem v Praze 1996, s. 193.

4 Srov. např.: Jindřich Chalupecký: Svět, v němž žijeme, *Program D 40* 4, 1939/1940, č. 4, s. 88–89: *„Skutečností moderního malíře a básníka je město; jeho lidé, jeho dláždění, stojany jeho lamp, návěští jeho krámů, jeho domy, schodiště, byty.“*

5 Josef Hiršal: *Vínek vzpomínek*, Praha, Rozmluvy 1991, s. 323.

6 Pro neobeznámené: majetek běženců totalitní stát zabavoval.

7 Jaroslav Boček: Hovoří Eva Fuková, *Československá fotografie* 14, 1963, č. 2, s. 44.

8 Jiří Kolář: Diskutujeme o současné fotografii, *Kultura* 6, 1962, č. 26, s. 7.

9 Bohumil Hrabal: *Vita nuova*, Praha, Československý spisovatel 1991, s. 202–203.

10 Jaroslav Anděl: *Česká fotografie 1840–1950. Příběh moderního média*, Praha, Kant 2004, s. 87.

11 Reprodukce ilustruje článek Marka Wollnera Rozhovor se Zdeňkem Urbánkem: Lehkou rukou o vážných věcech, *Týden* 3, 1996, č. 48, s. 84.

12 Vilém Reichmann: O umělecké fotografii věcí, *Fotografie* 6, 1962, č. 2, s. 28.

13 Antonín Dufek: Fuková Eva, in: Anděla Horová (ed.): *Nová Encyklopedie českého výtvarného umění*, Praha, Academia 1995, s. 193.

14 Srov. Zdenek Primus: Brána do Ameriky / Gateway to America, in: týž (ed.): *Eva Fuka(ová) / Tváře času / The Faces of Time*, Paříž & Praha, Ernest Sturm 1996.

15 Suzanne Pastor & Gena Hahn (ed.): *Eva Fuka: New York '64*, Praha, Odephil Editions 2001.

16 Jaroslav Boček: Hovoří Eva Fuková, *Československá fotografie* 14, 1963, č. 2, s. 44.

17 Eva Fuková 21. 5. 2001 v dopisu autorovi.

18 Anna Fárová (ed.): *Československá fotografie v exilu 1939–1989*, Praha, Asociace fotografů 1992, nestránkováno.

19 Byl to Jiří Kolář, jenž si roku 1950 do deníku zaníceně poznamenal: *„Žádný zloděj neumí tak dokonale, tak drze před celou veřejností krást, jako dokáže mnohý, často i ten poslední malíř. Jen jděte po výstavách a srovnávejte, co je zde původního, neukradeného nebo aspoň poctivě vypůjčeného. Zapláčete.“* Cit. dle: Jiří Kolář: *Prométheova játra*, Praha, Československý spisovatel 1990, s. 212.

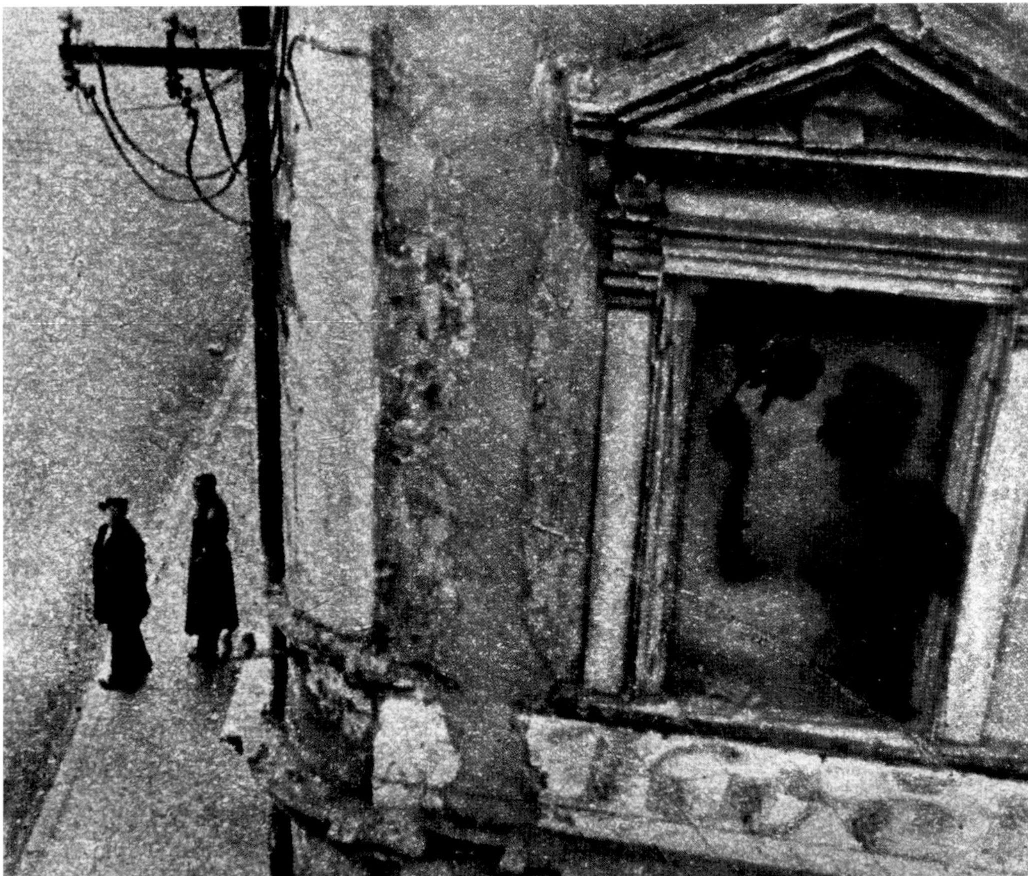

1 **Flower / Květ** c. 1962

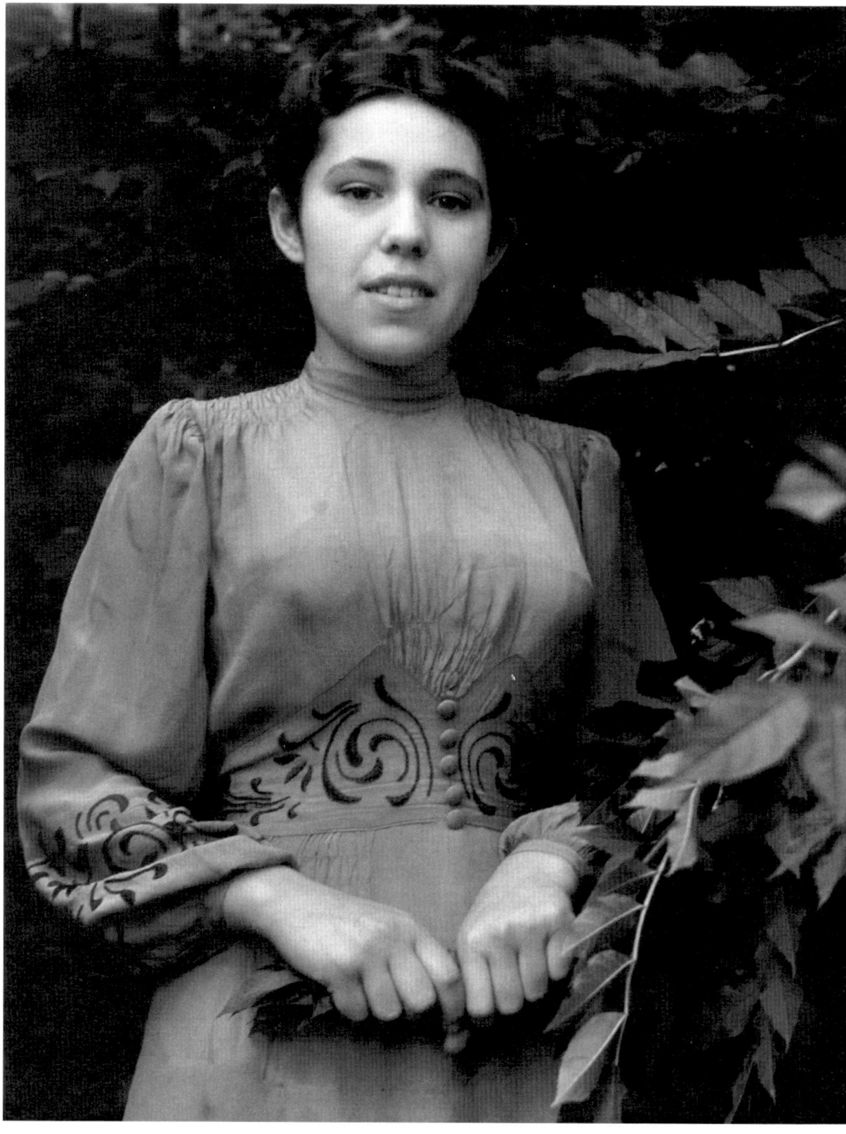

2 **A Girl of the Red Army / Dívka rudé armády** 1945

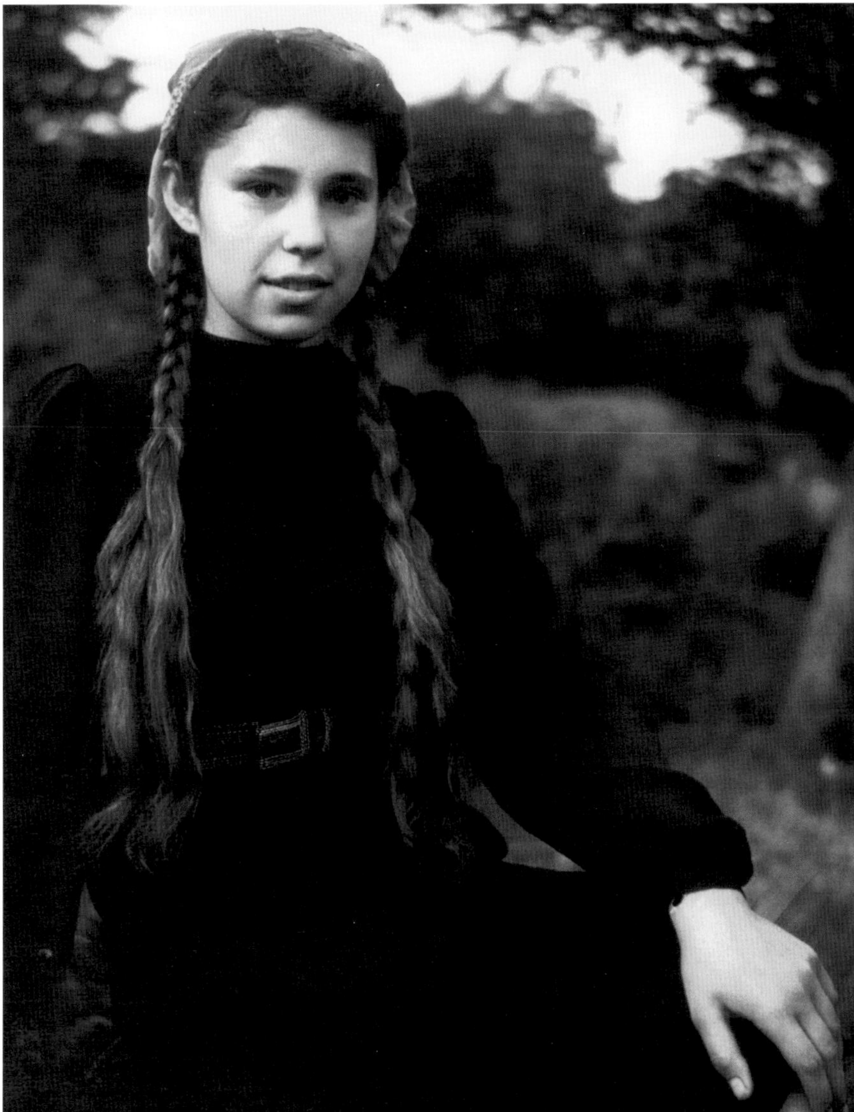

3 **A Girl of the Red Army / Dívka rudé armády** 1945

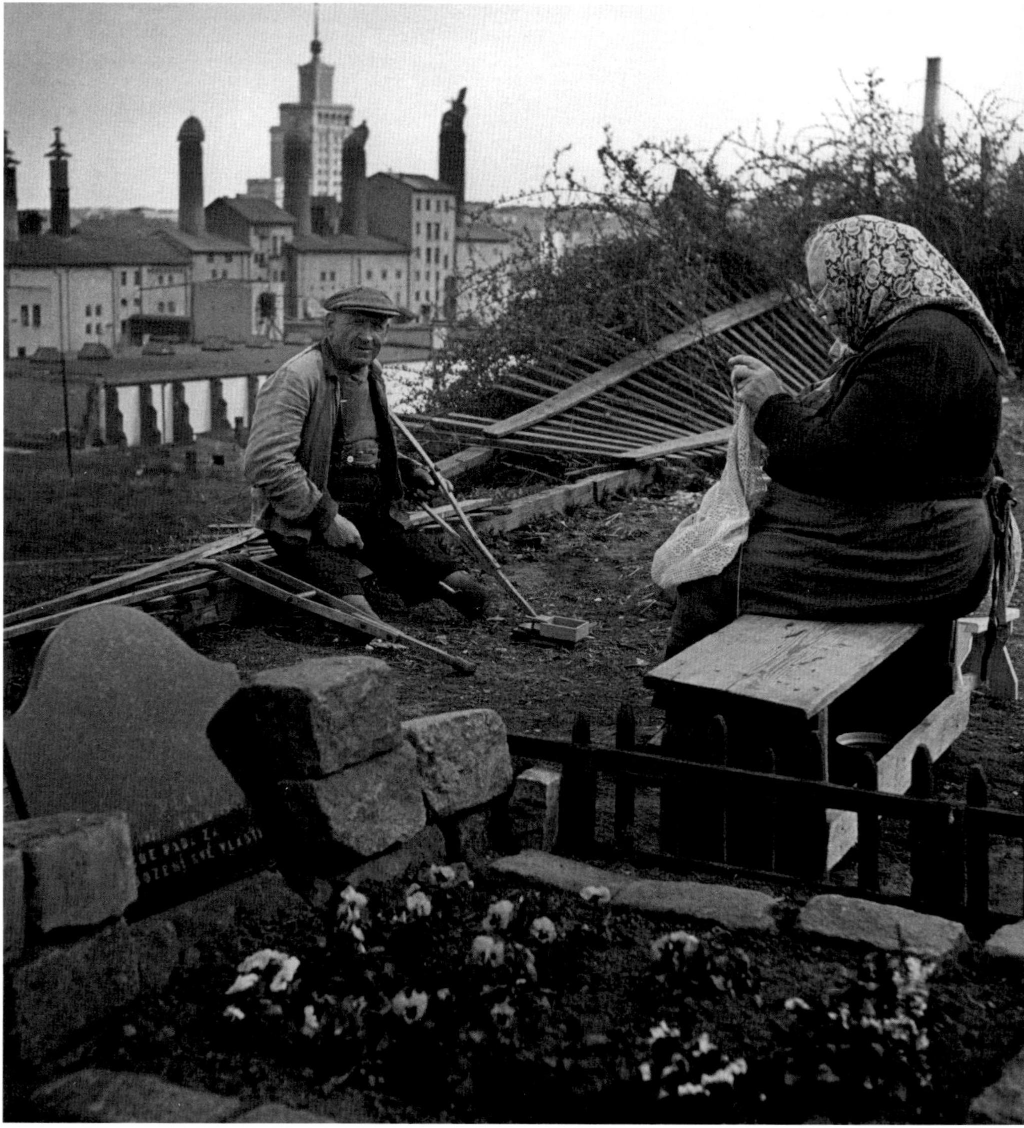

4 **Sunday Afternoon / Nedělní odpoledne** c. 1955

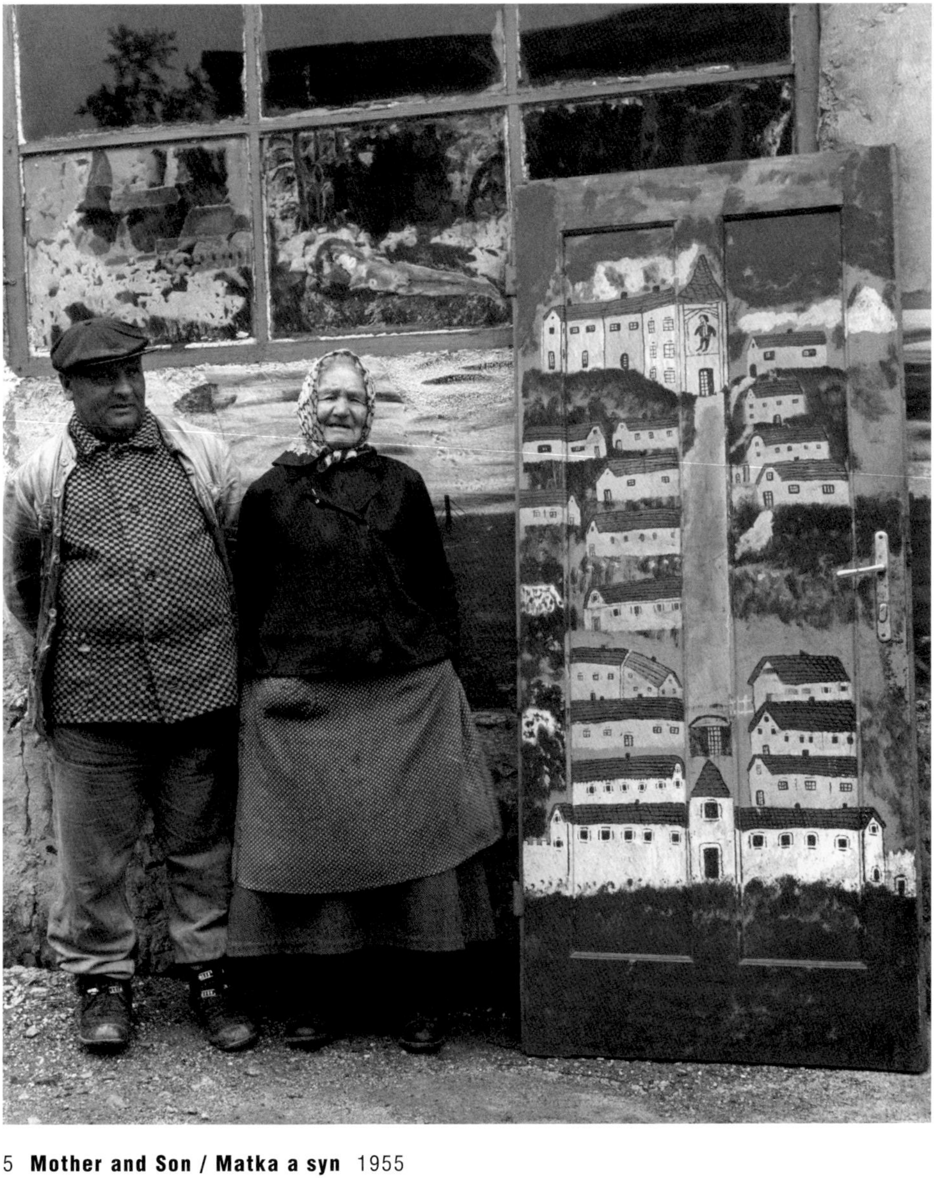

5 **Mother and Son / Matka a syn** 1955

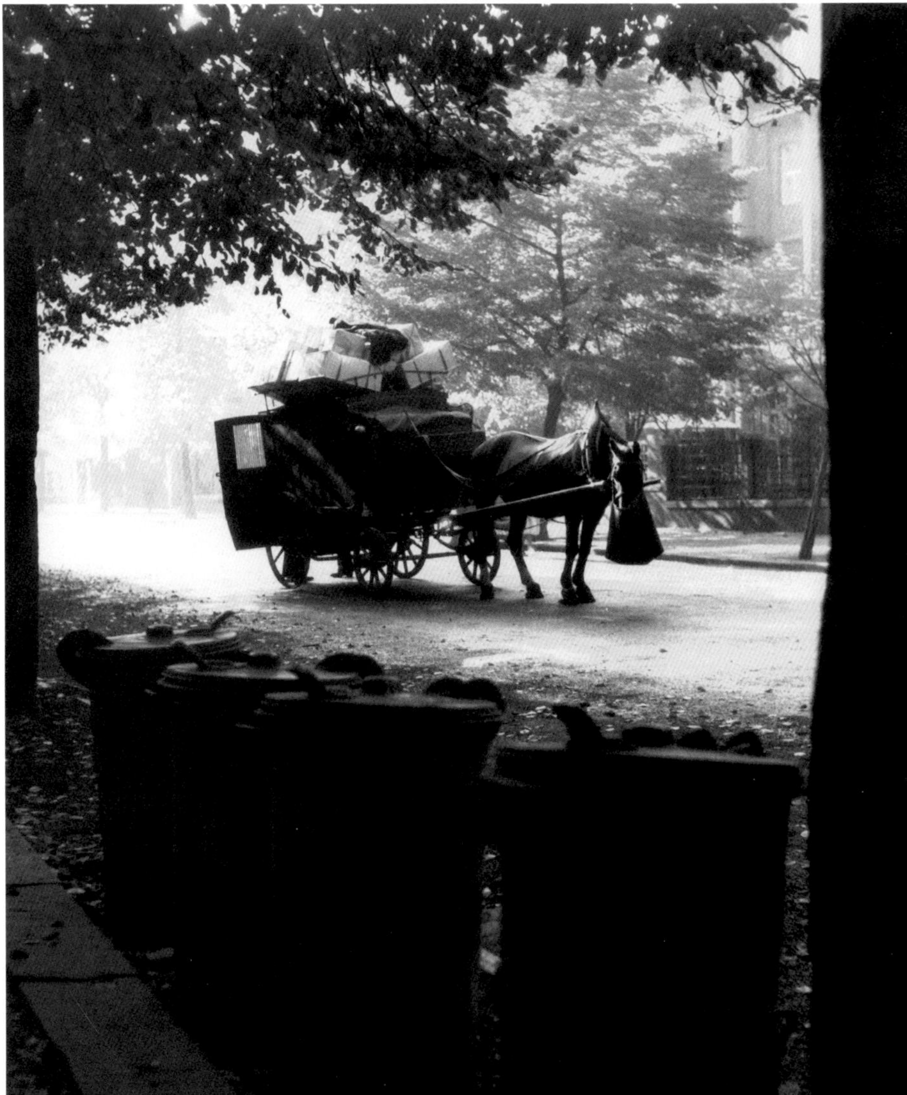

6 **Morning Mail / Ranní pošta** 1951

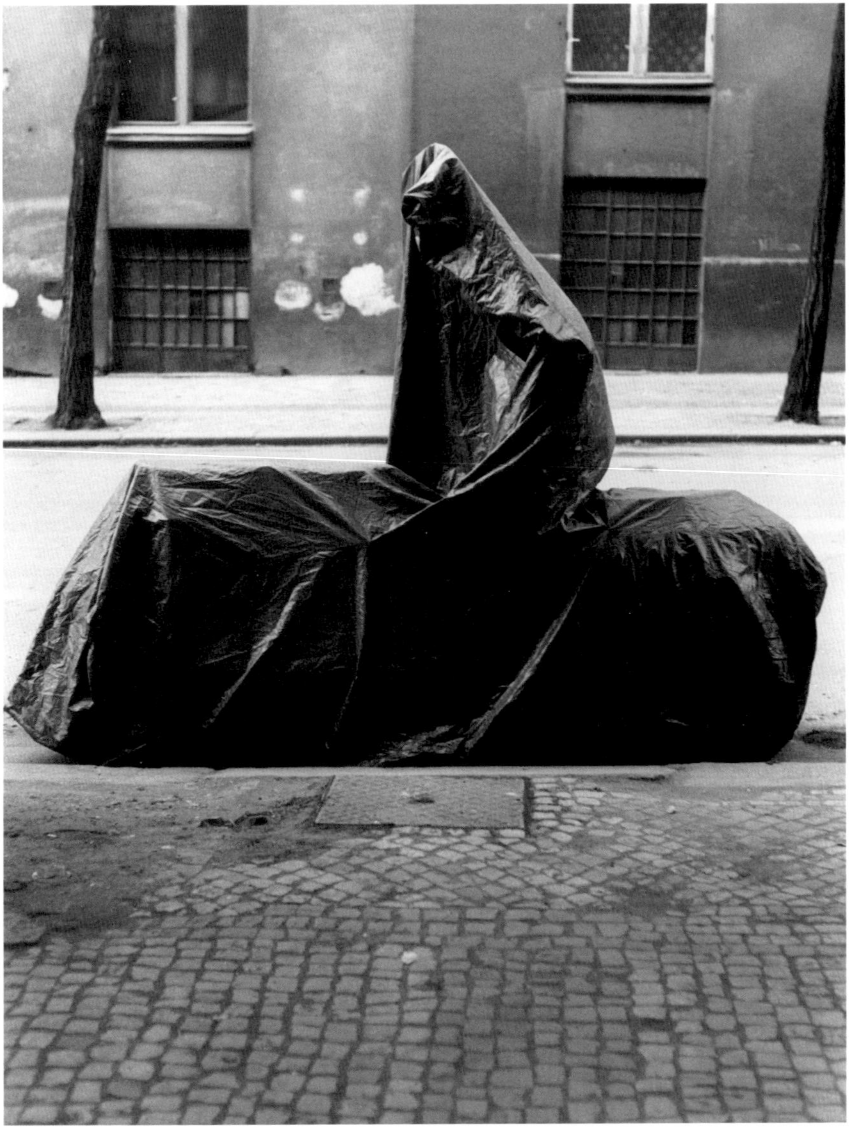

7 **Black Sculpture / Černá socha** 1953

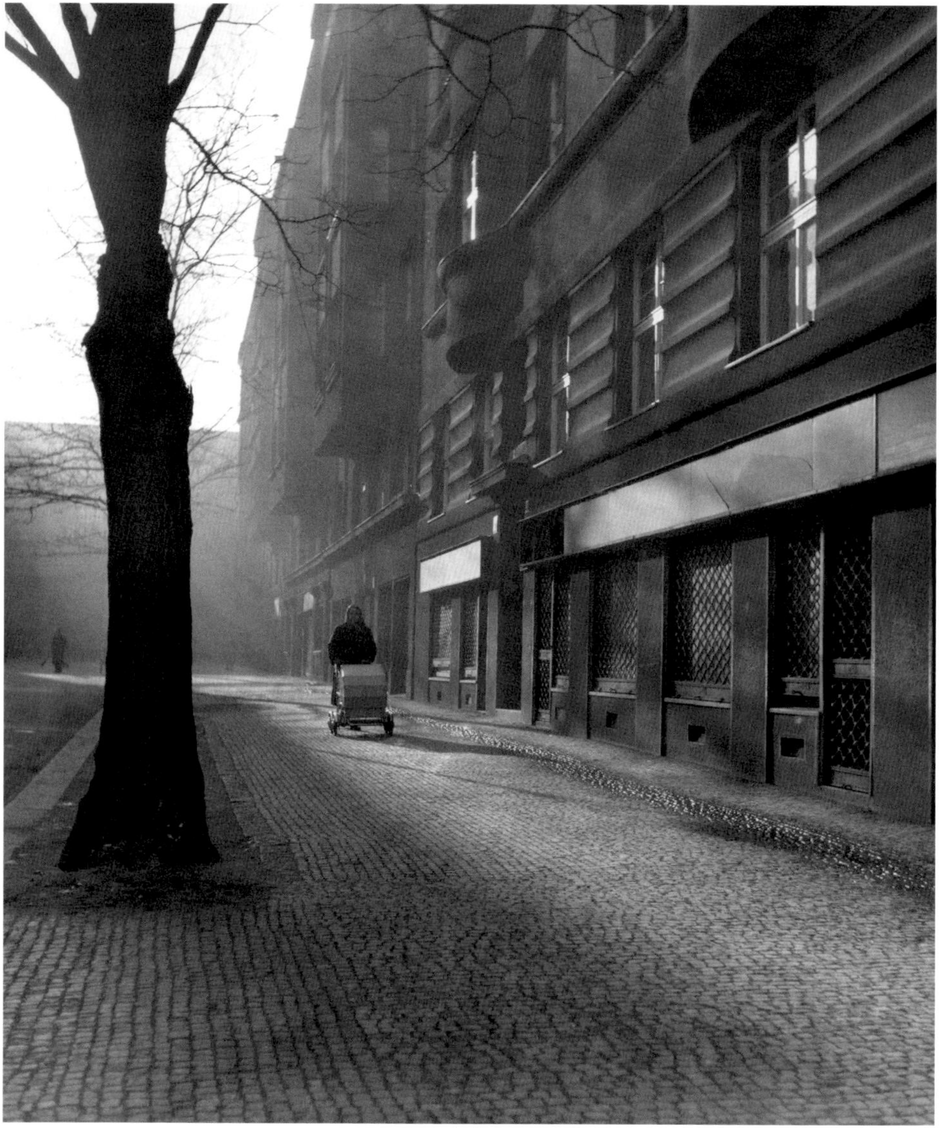

8 **An Empty Street / Pustá ulice** 1952

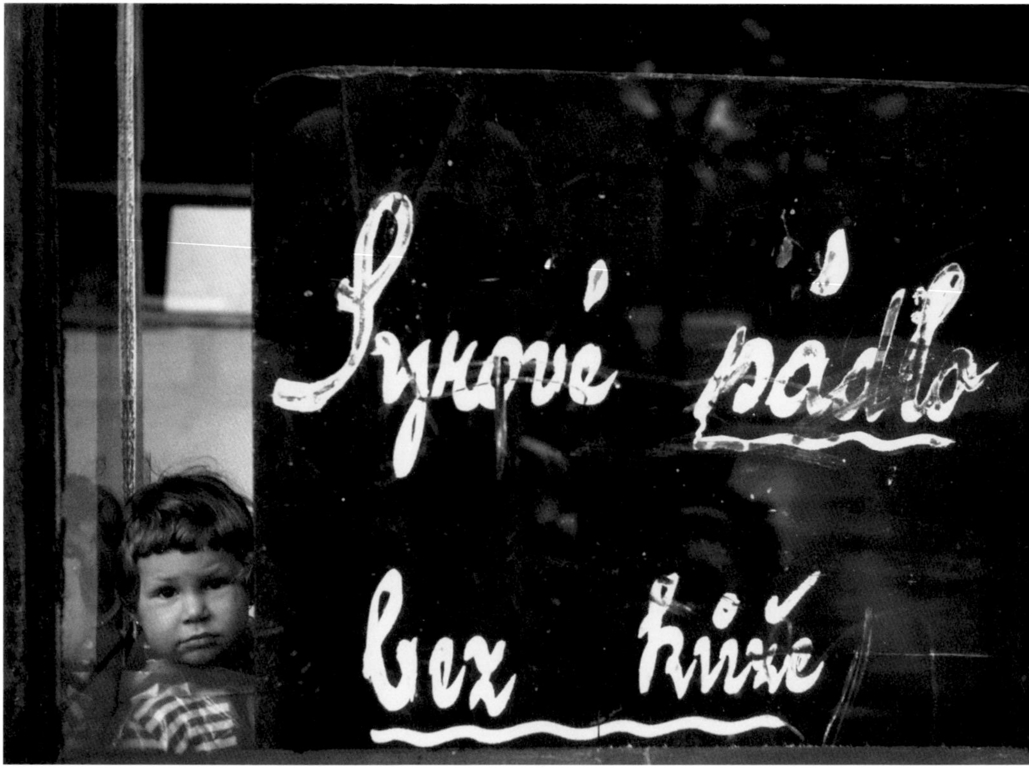

9 **Pig Fat / Syrové sádlo** 1953

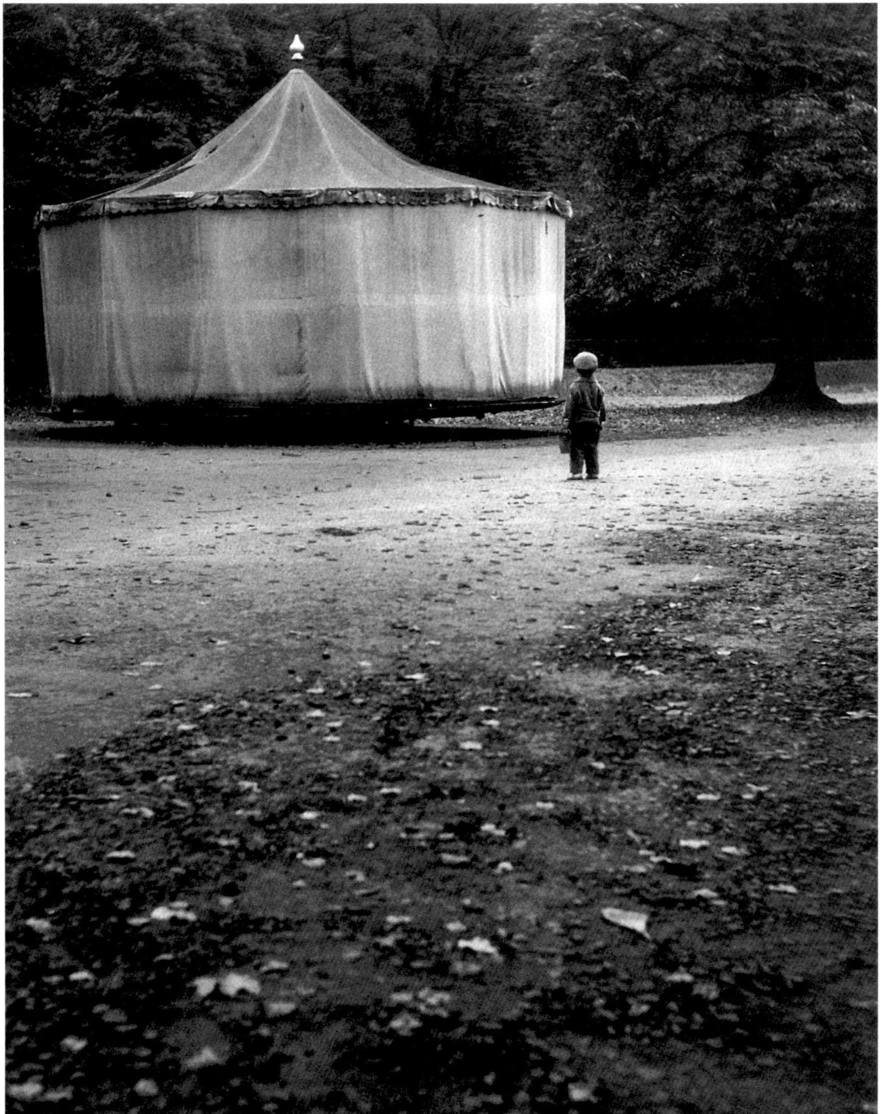

10 **Disappointment / Zklamání** 1953

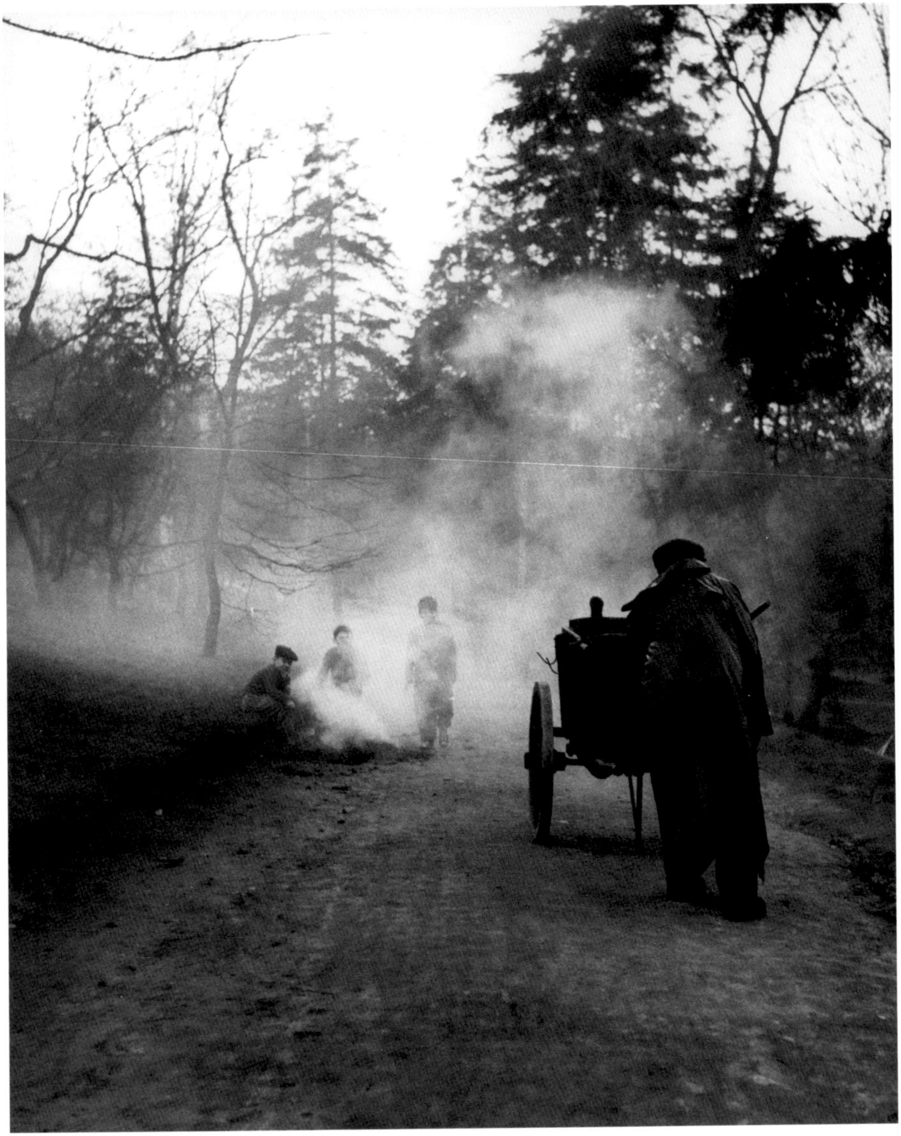

11 **Autumn Leaves / Podzimní listí** 1953

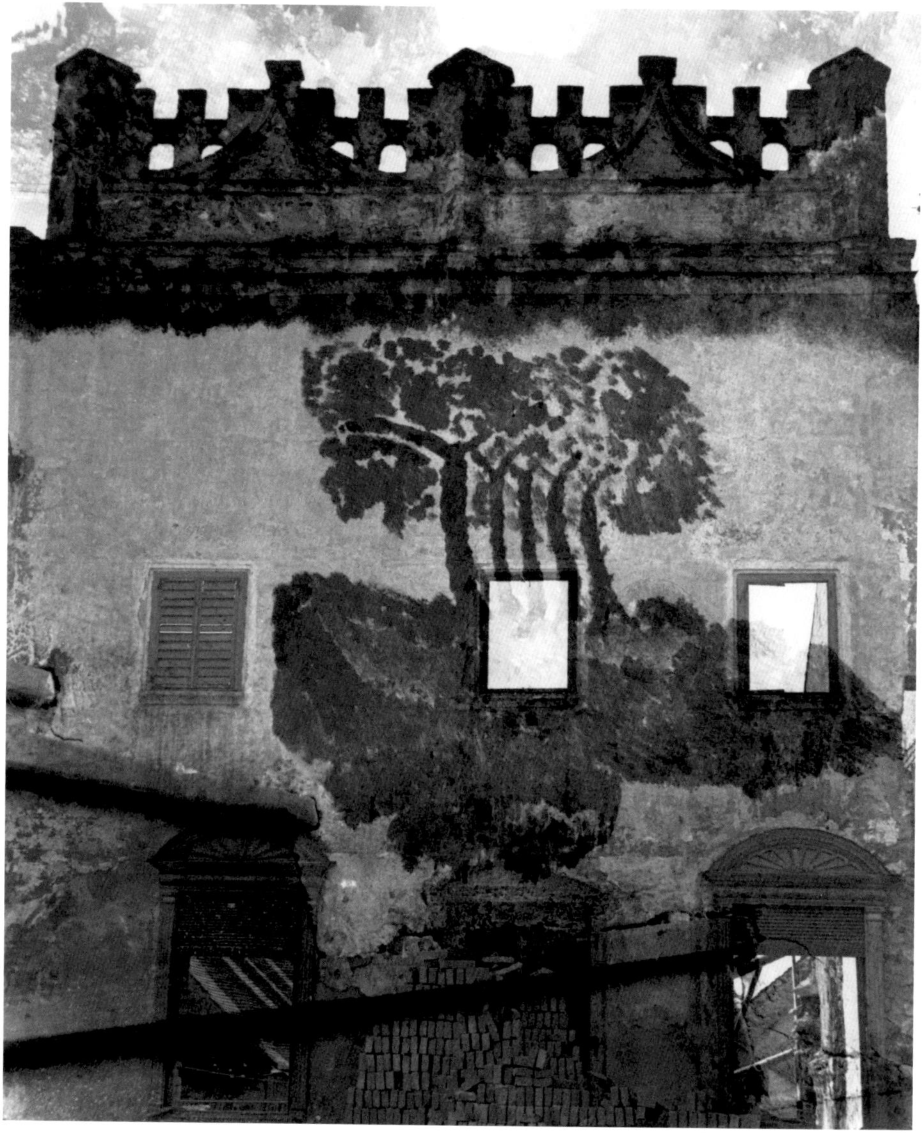

12 **Old Staircase / Staré schodiště** 1960

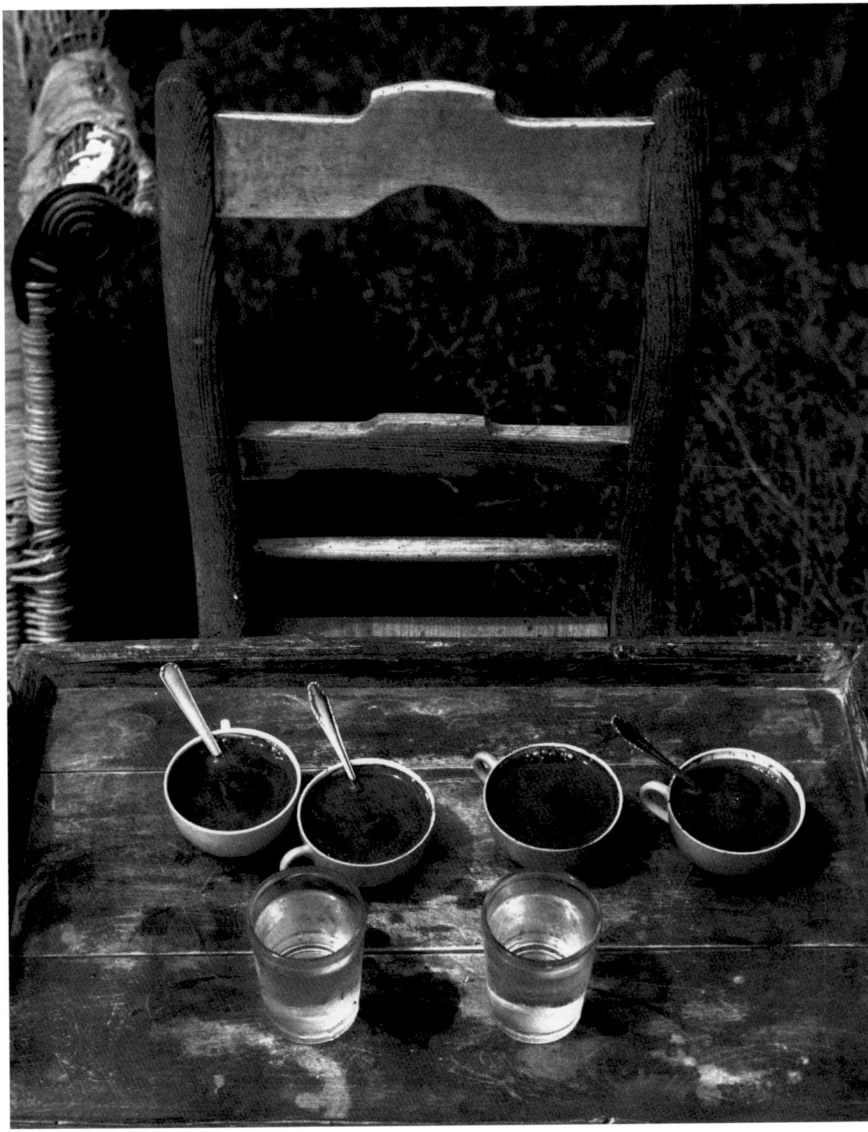

13 **Coffee for Poets / Káva pro pábitele** c. 1955

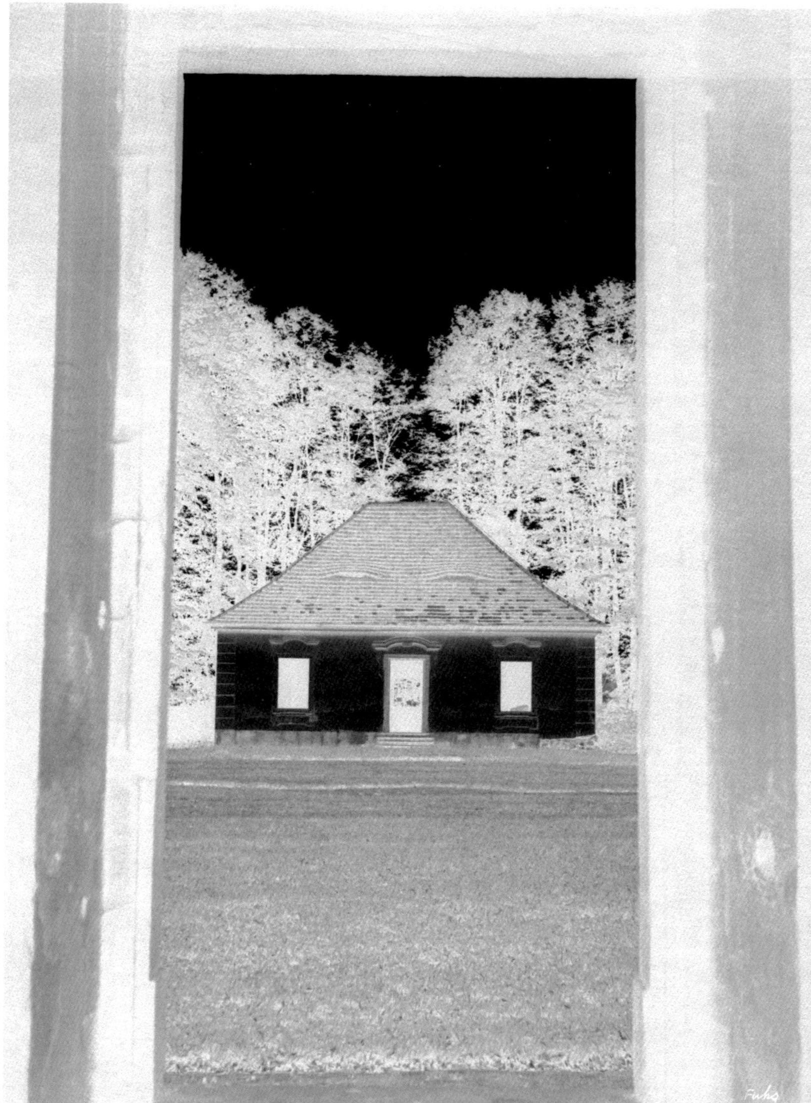

14 **House in the Park / Dům v parku** c. 1959

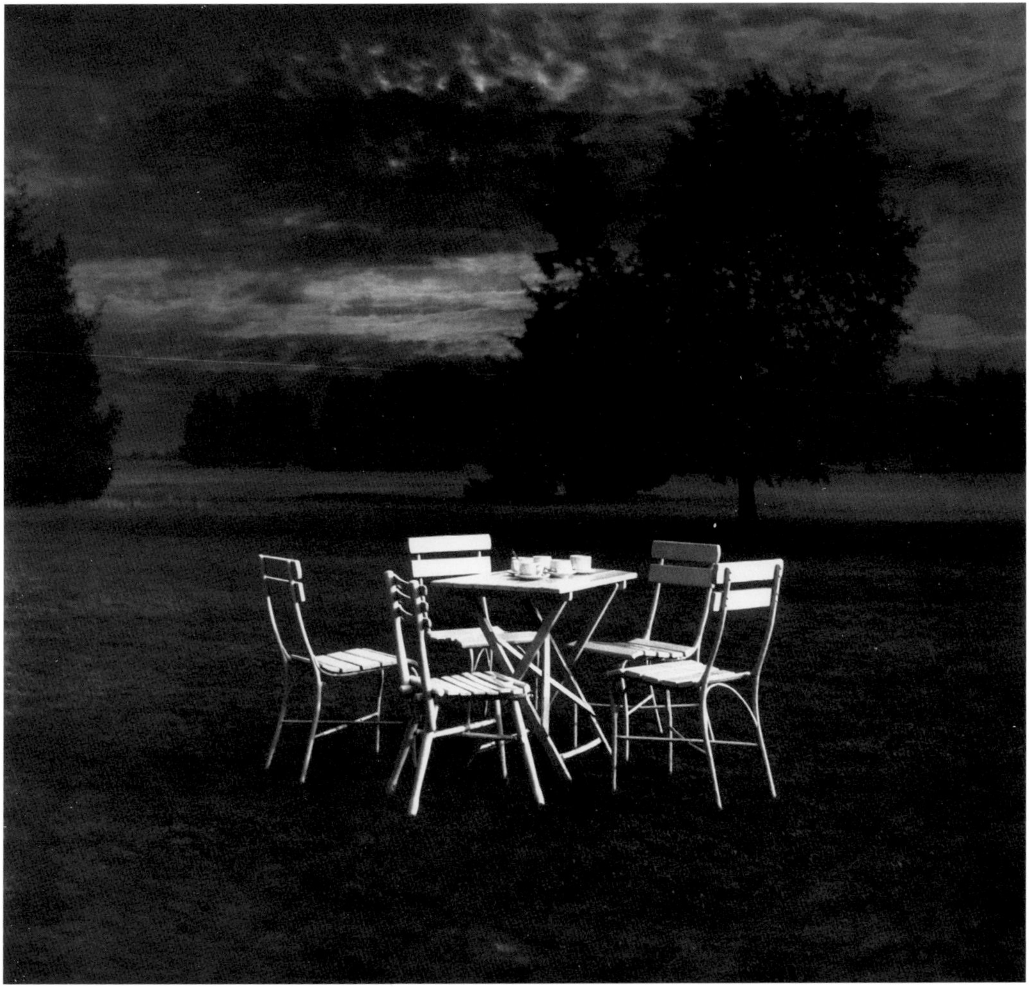

15 **Mariánské Lázně** 1957

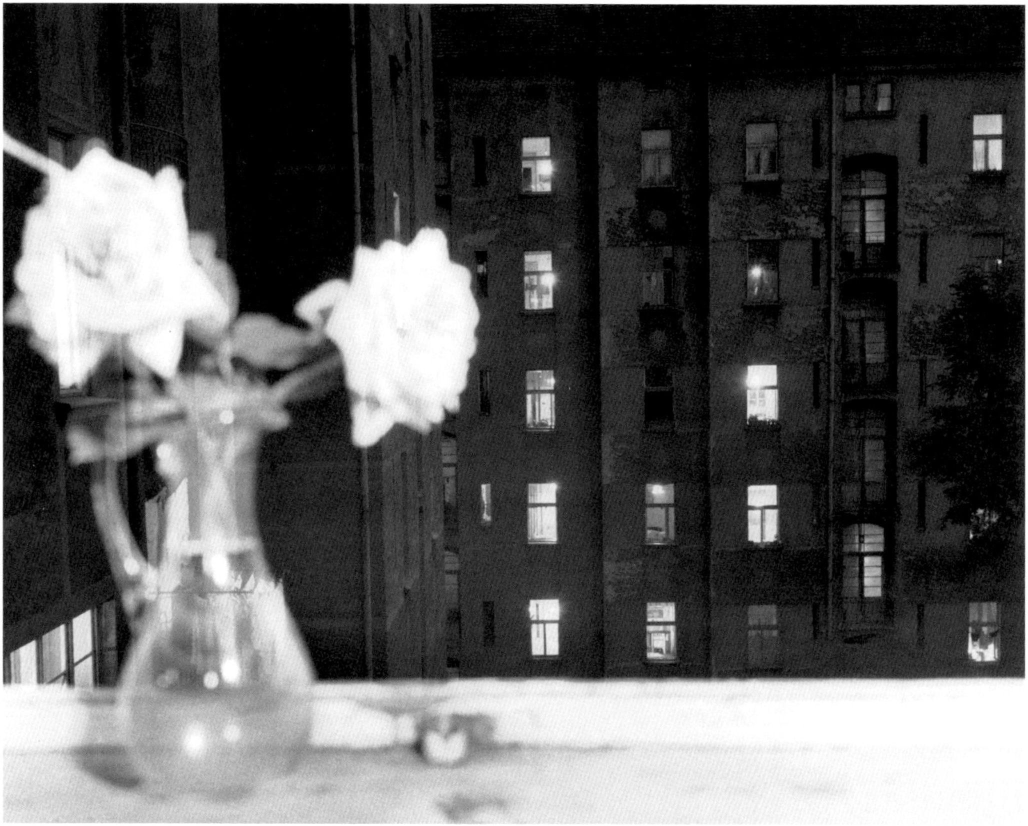

16 **A White Rose / Bílá růže** 1955

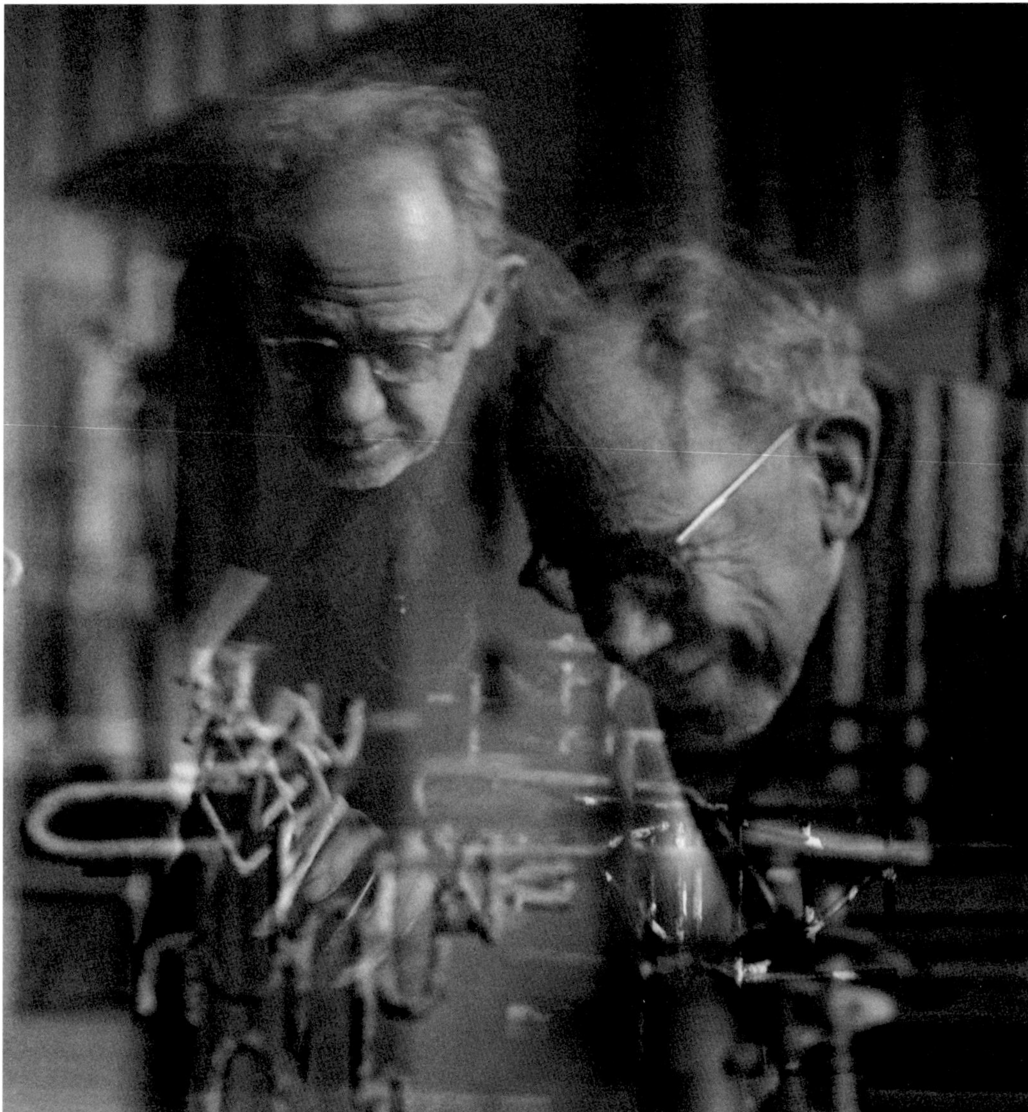

17 **Josef Sudek** 1960

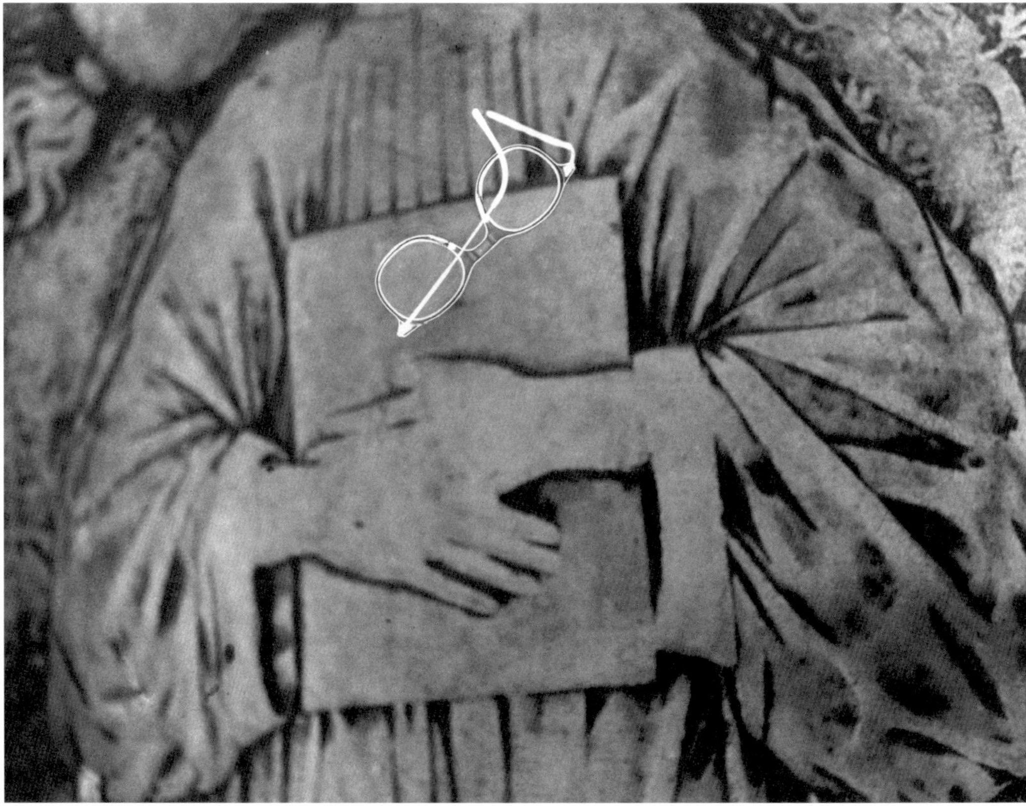

18 **Dead Reader / Mrtvý čtenář** c. 1959

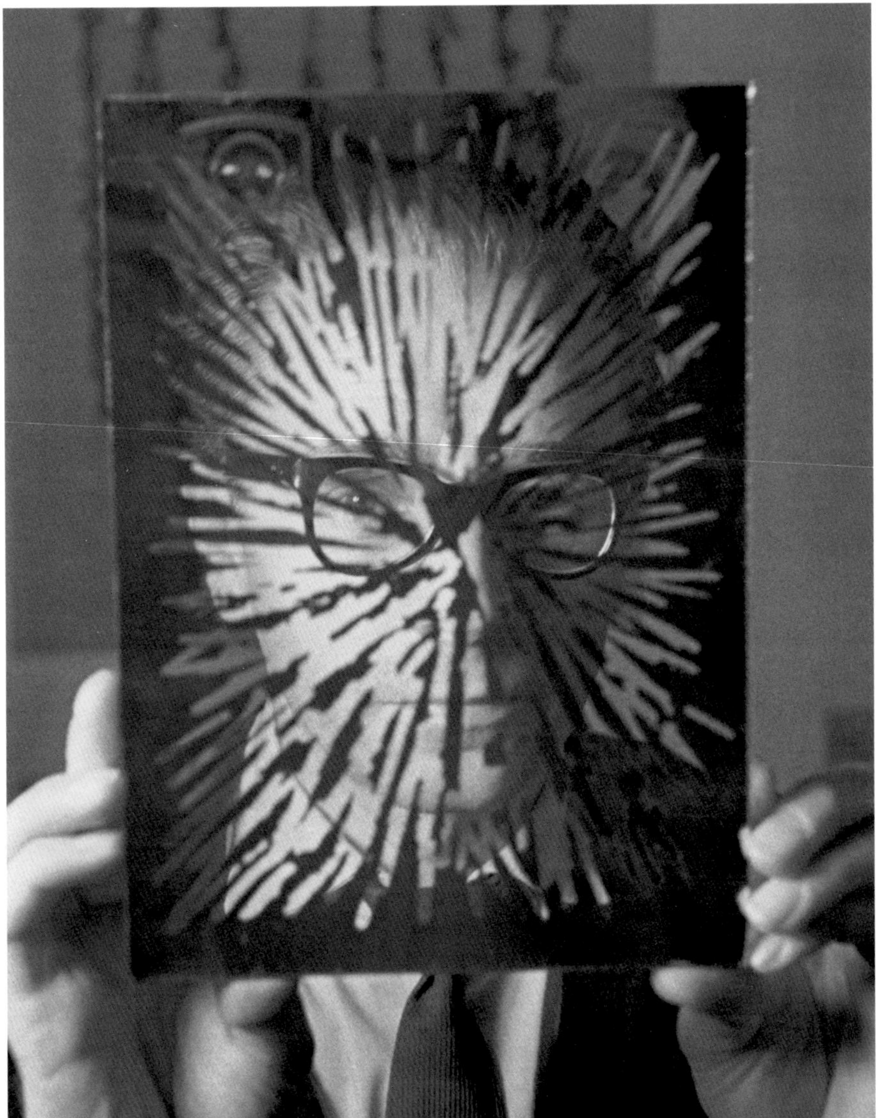

19 **Jiří Kolář** c. 1954

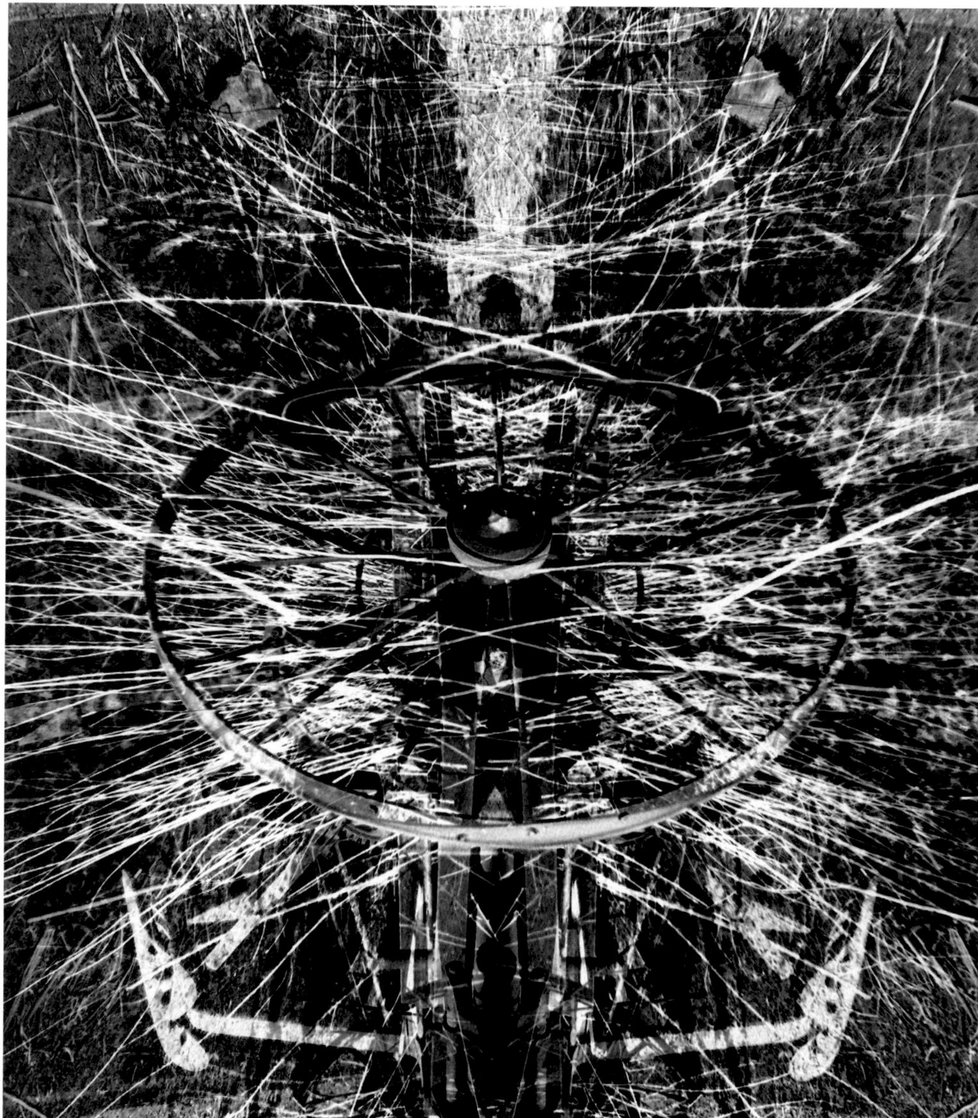

20 **Straw Wheel / Slaměné kolo** 1952

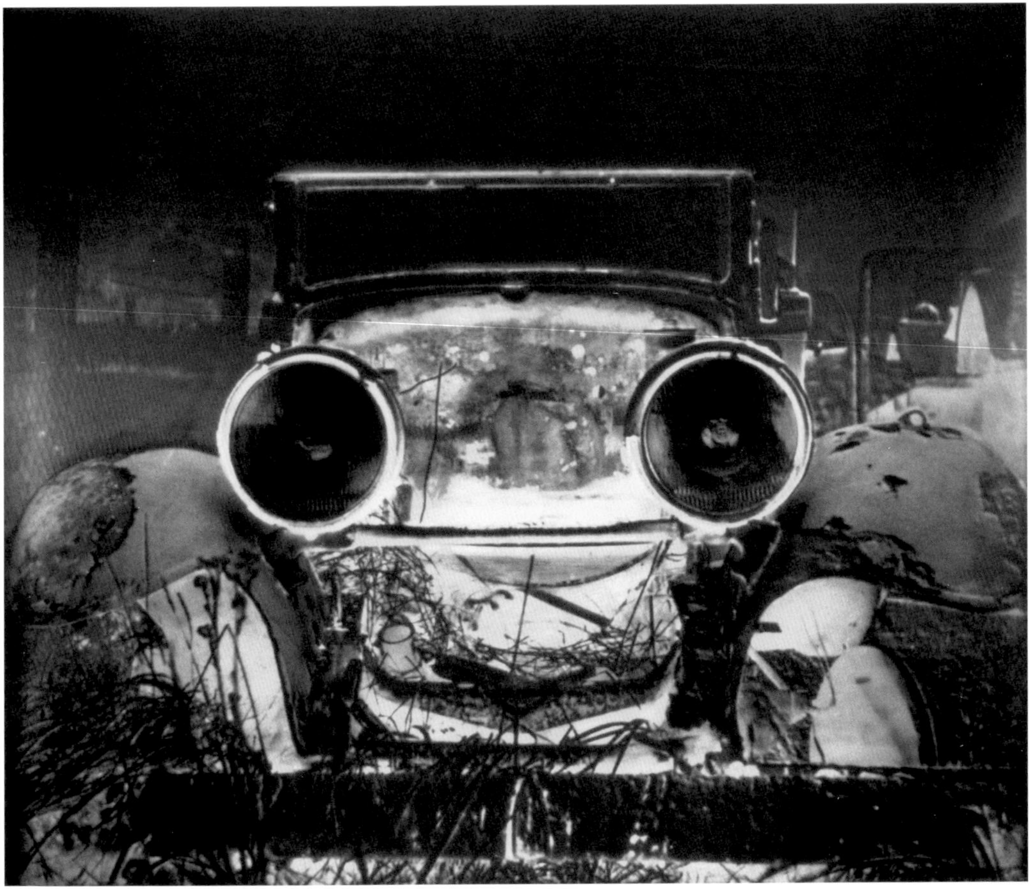

21 **Black Headlights / Černé reflektory** 1954

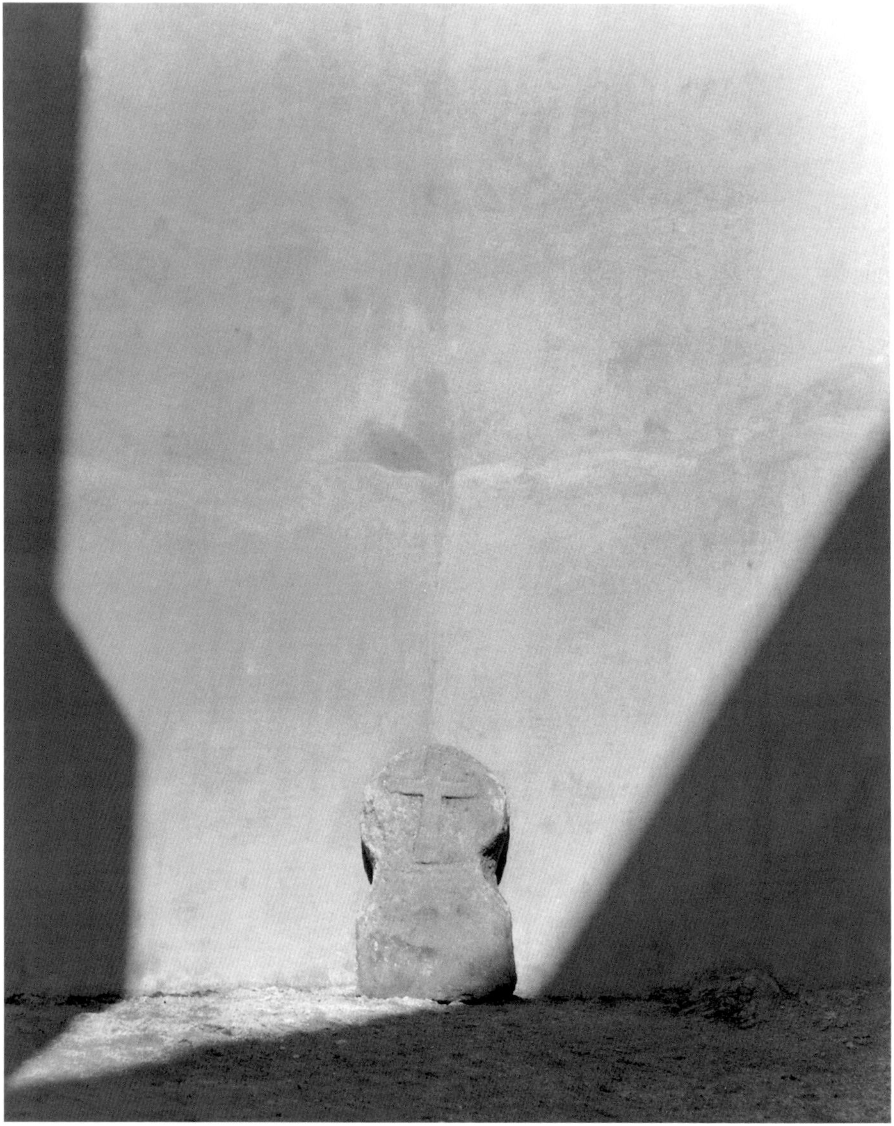

22 **Divine Stone / Božský kámen** 1955

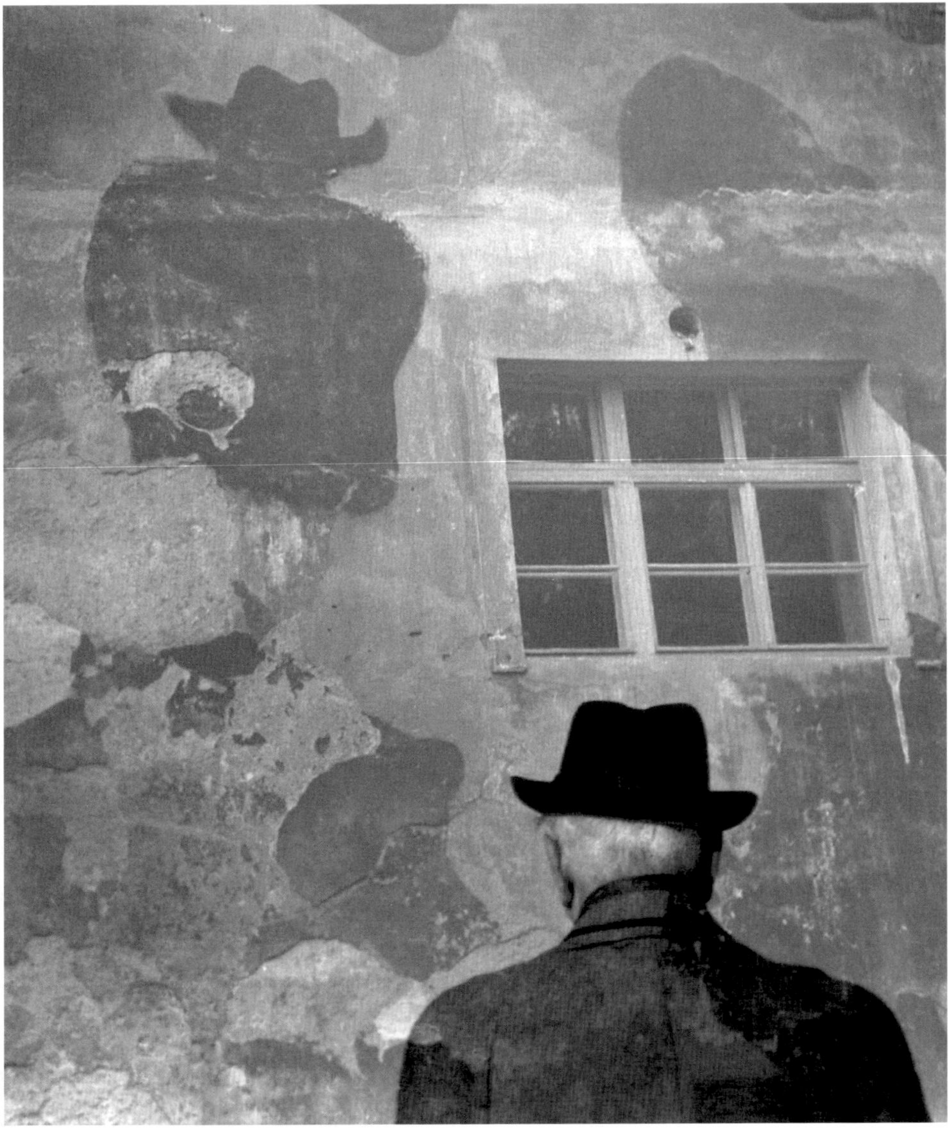

23 **Shadow / Stín** 1952

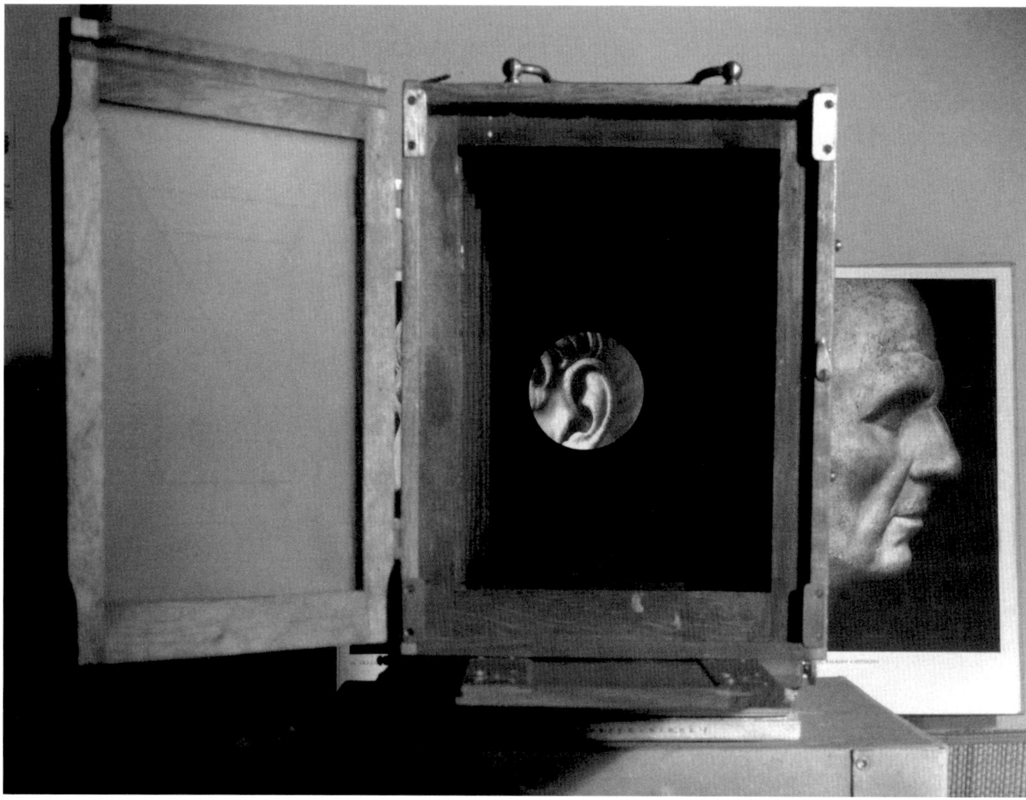

24 **Michalangelo's Ear / Michelangelovo ucho** 1955

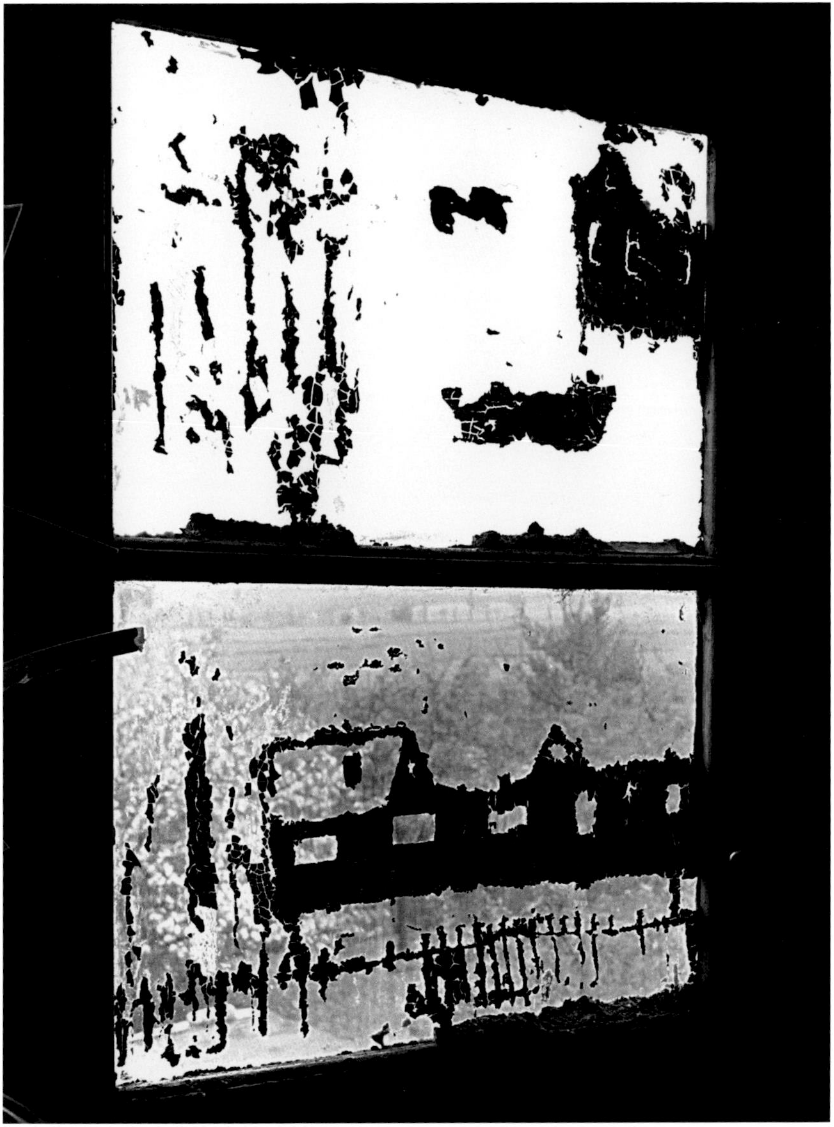

25 **Window / Okno** 1955

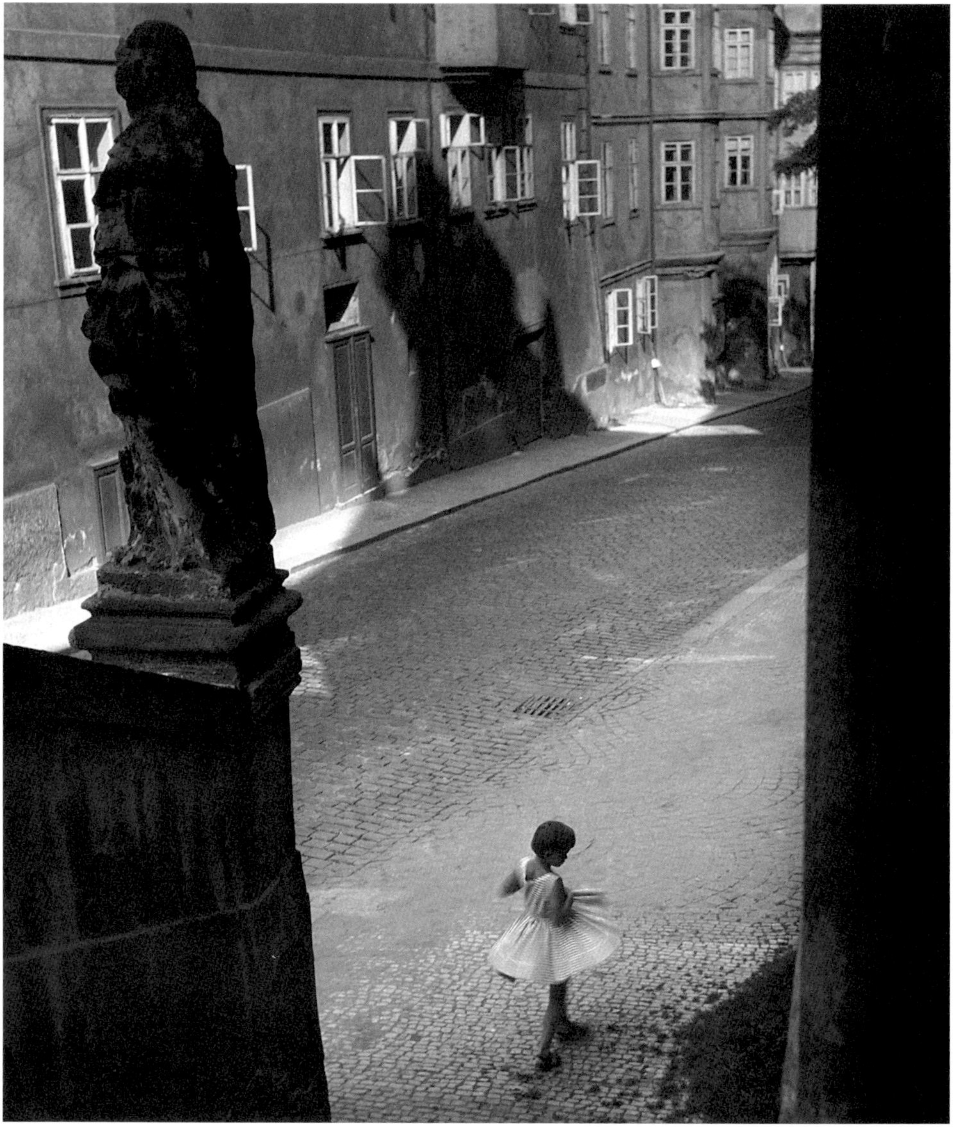

26 **Baroque Street / Barokní ulice** 1956

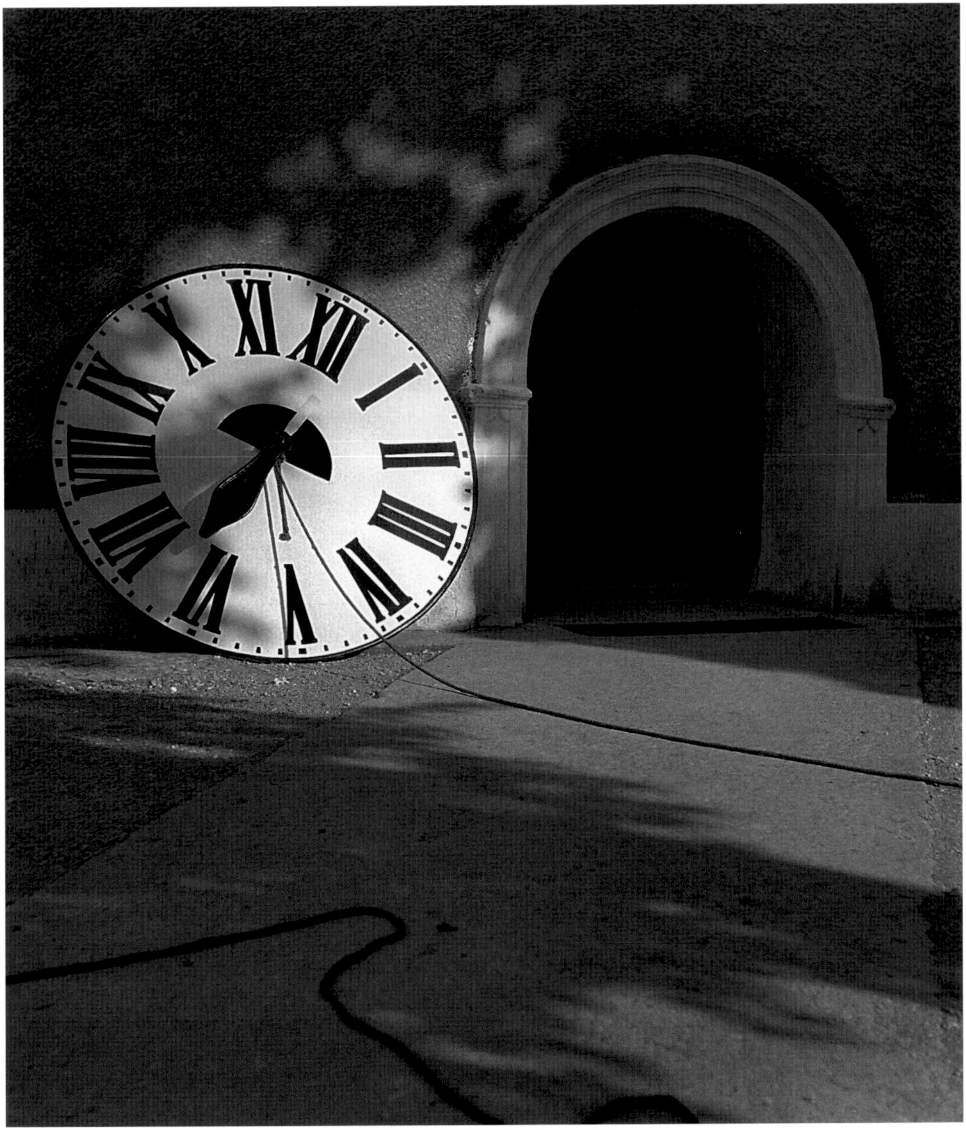

27 **Time Stood Still / Čas se zastavil** 1957

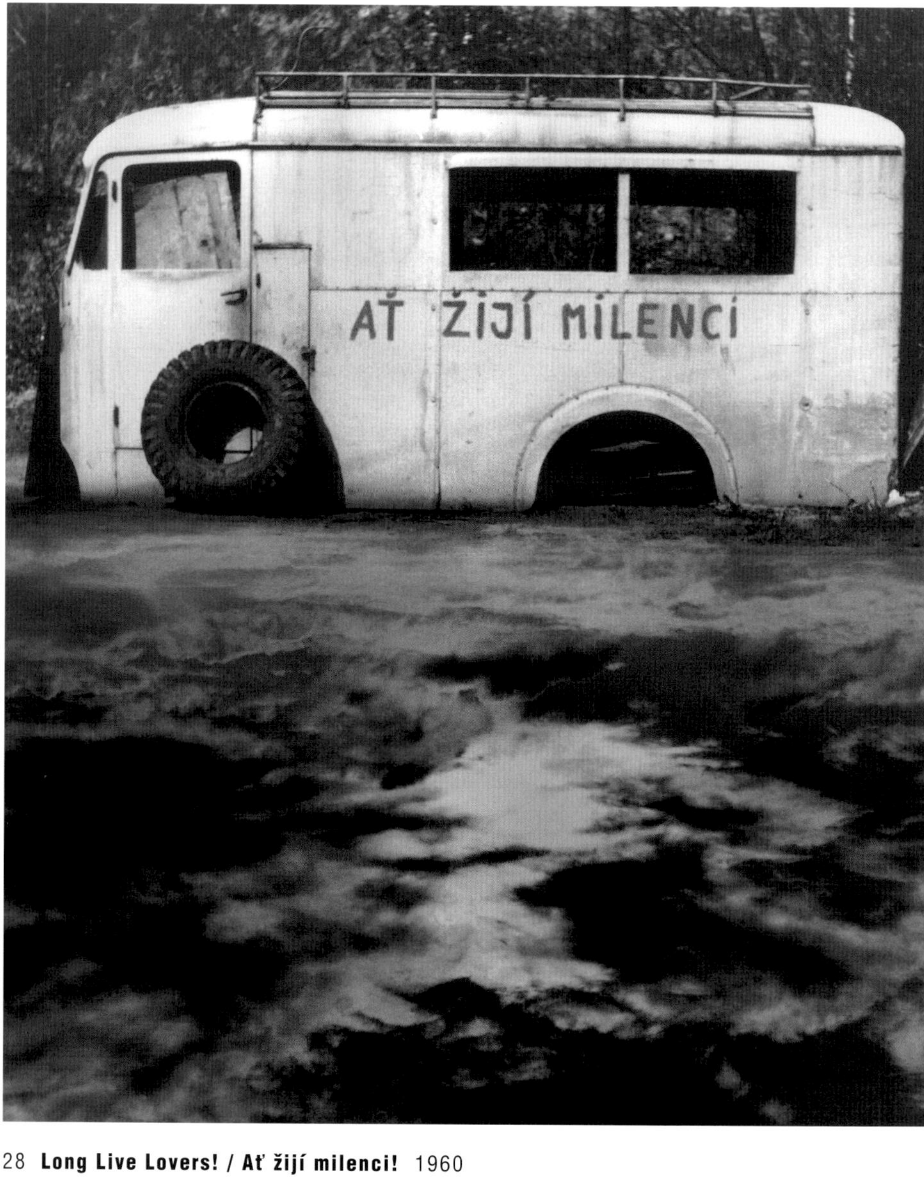

28 **Long Live Lovers! / Ať žijí milenci!** 1960

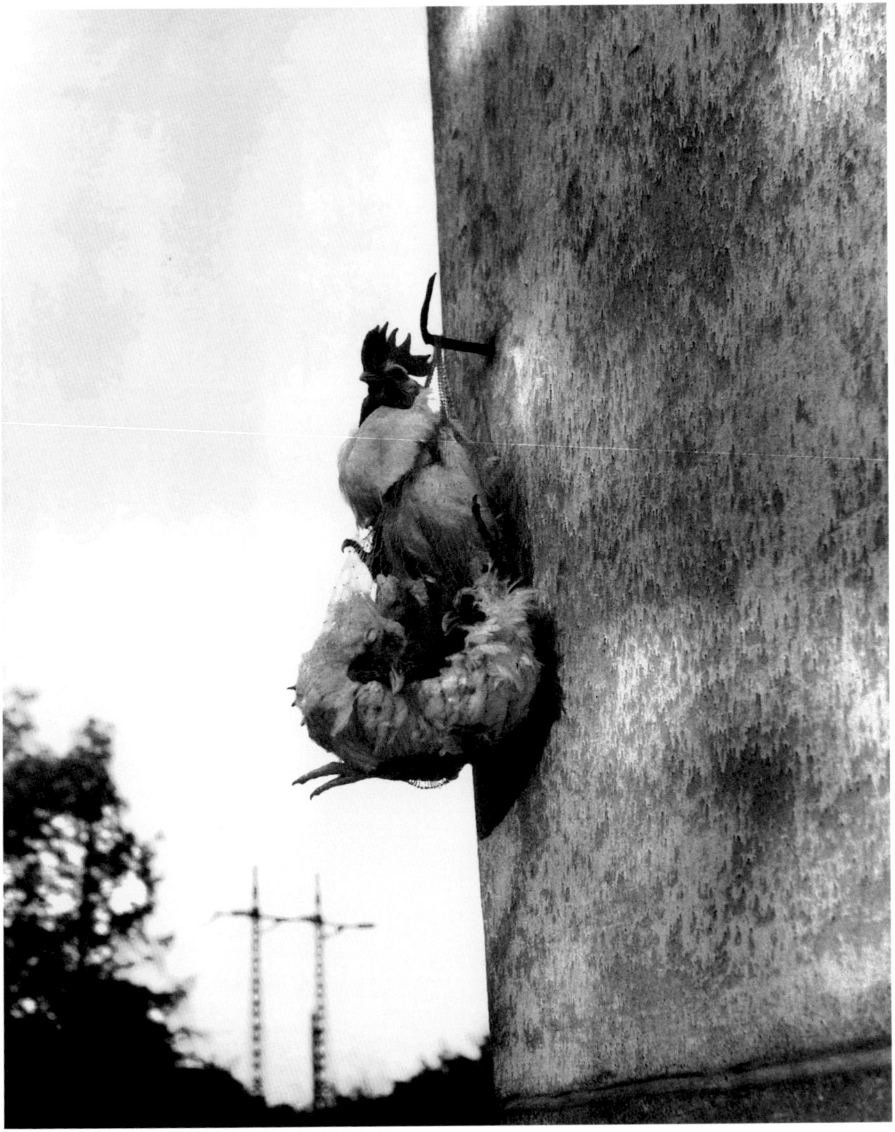

29 **Who Will Wake the Day? / Kdo zítra probudí den?** 1956

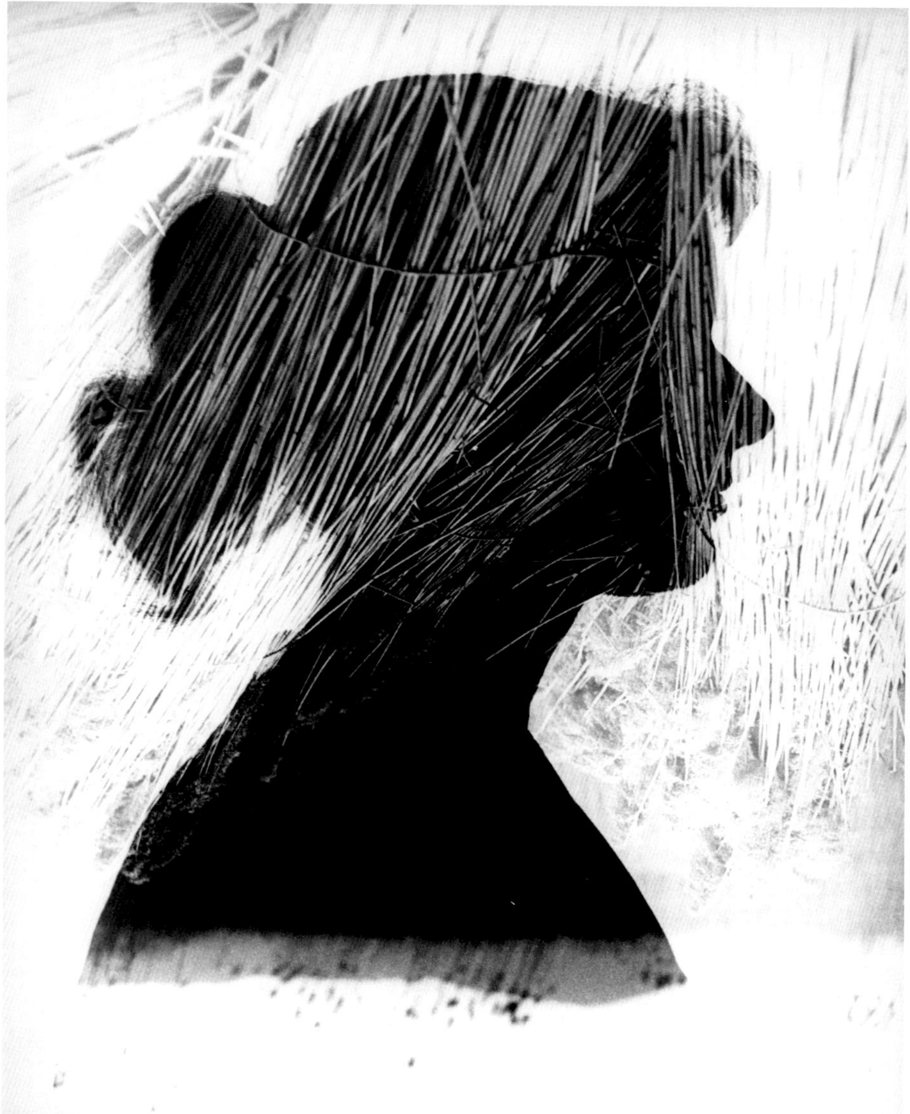

30 **Straw Head / Slaměný profil** 1958

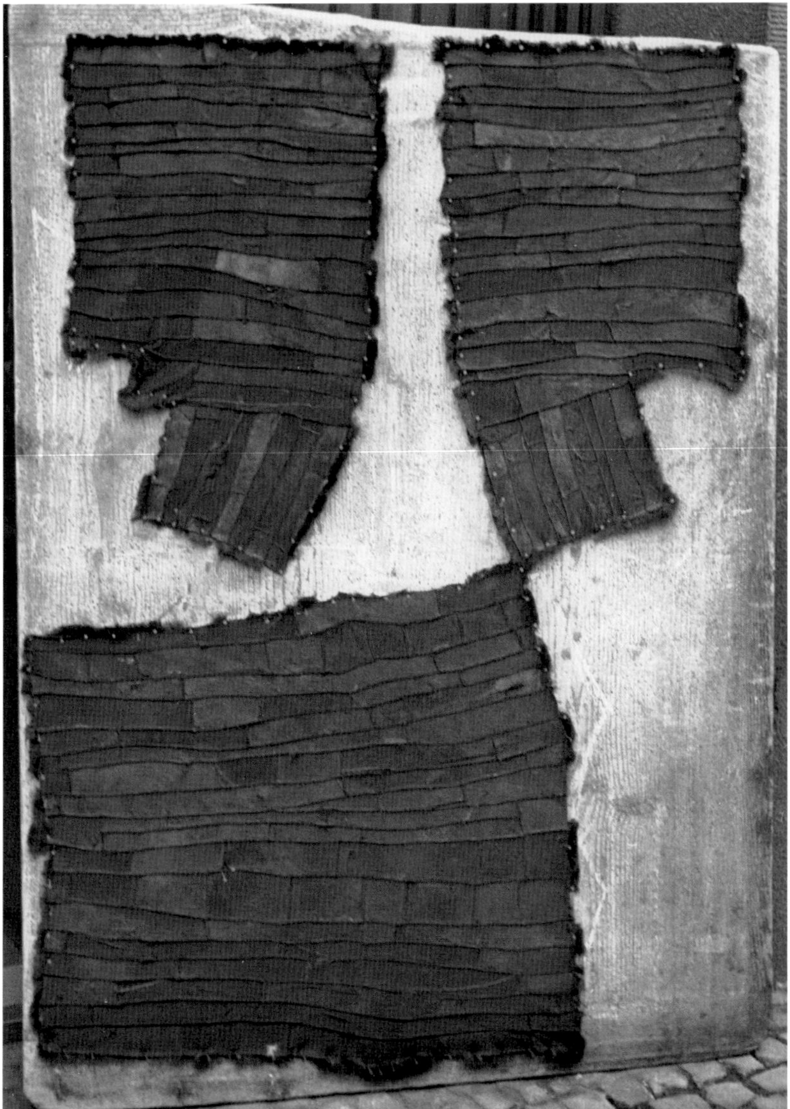

31 **Shapes / Tvary** 1961

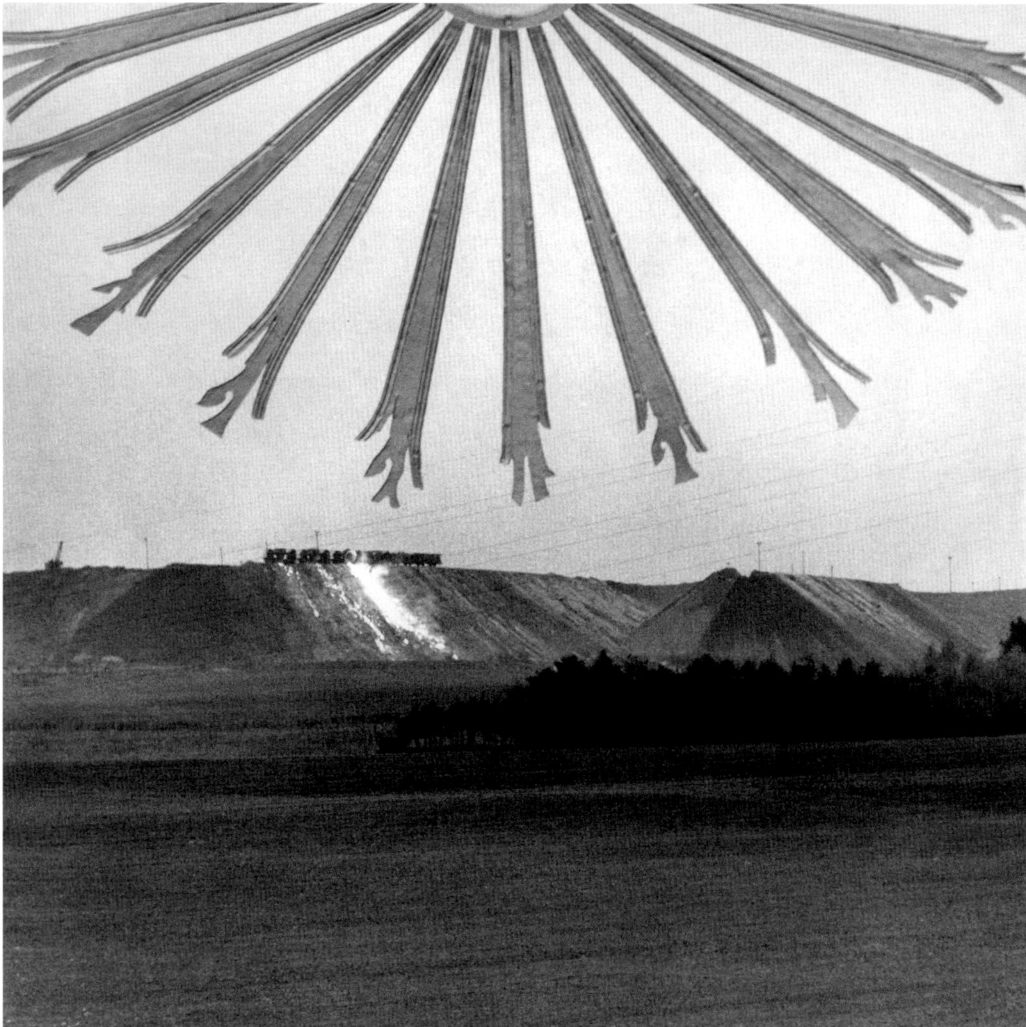

32 **Metal Sun / Kovové slunce** c. 1956

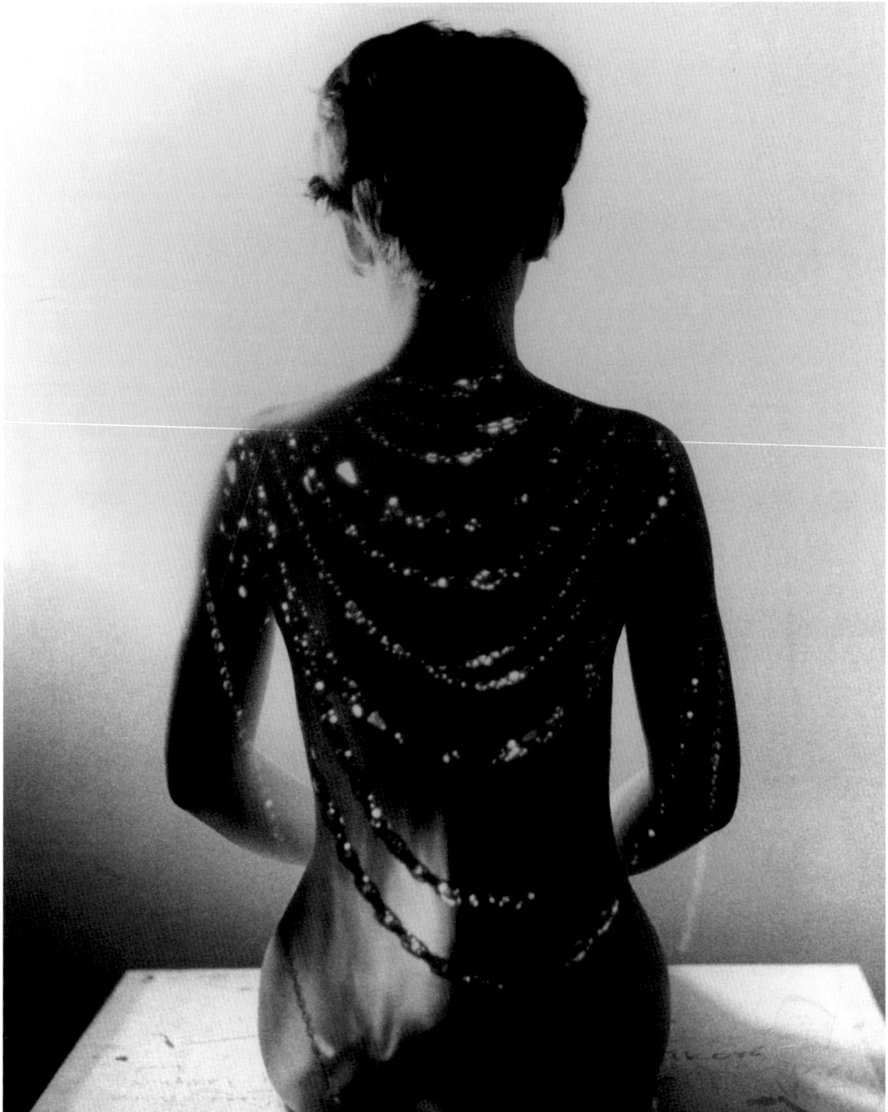

33 **Silver Necklace / Stříbrný náhrdelník** 1962

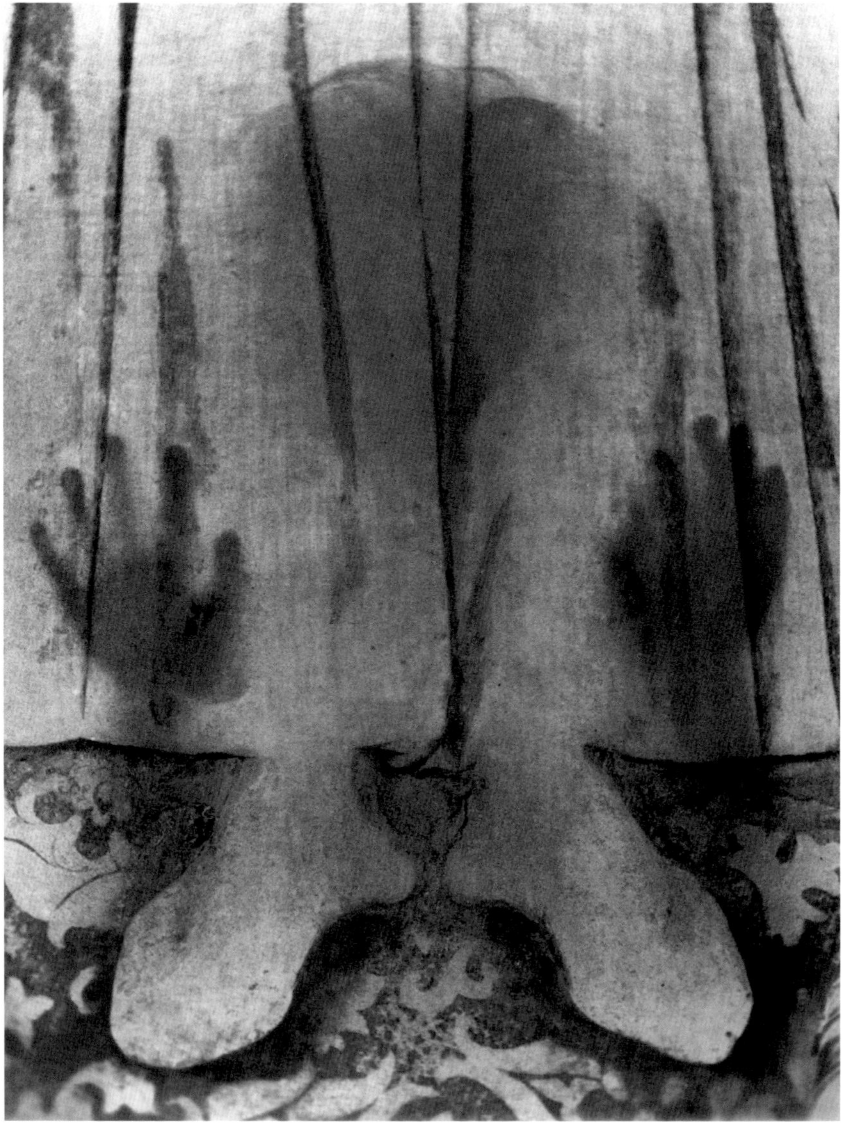

34 **Vesture / Roucho** 1962

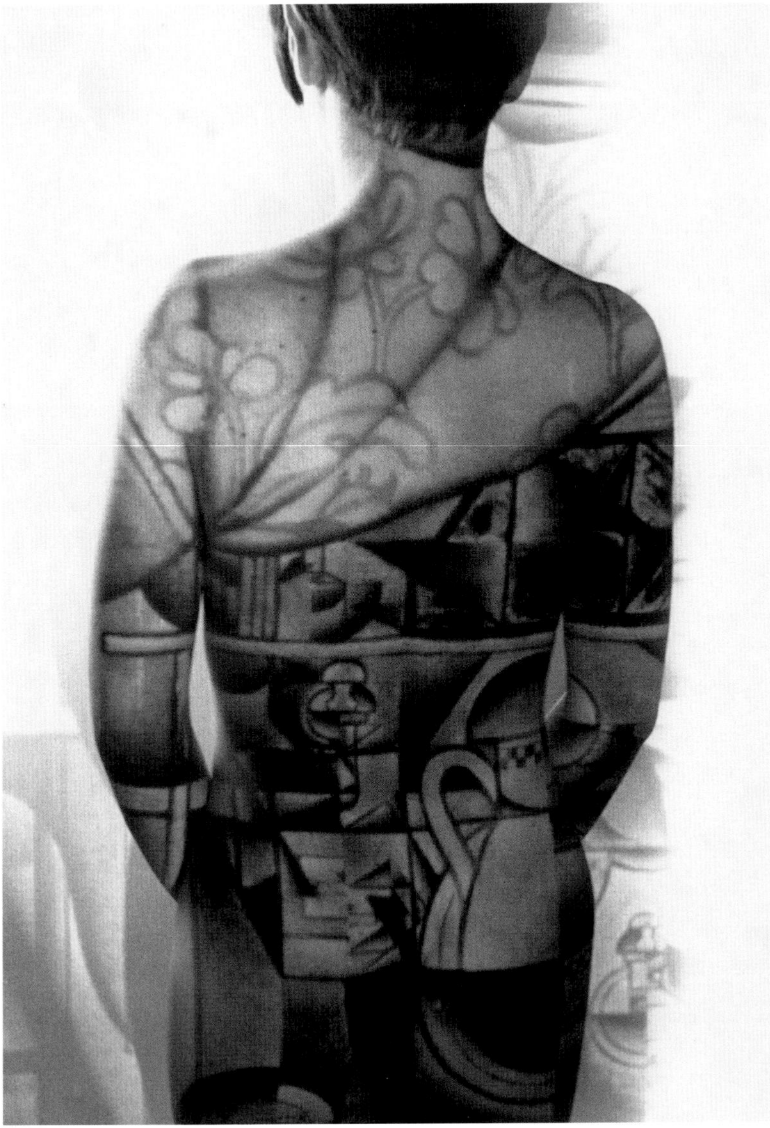

35 **Kandinsky** 1962

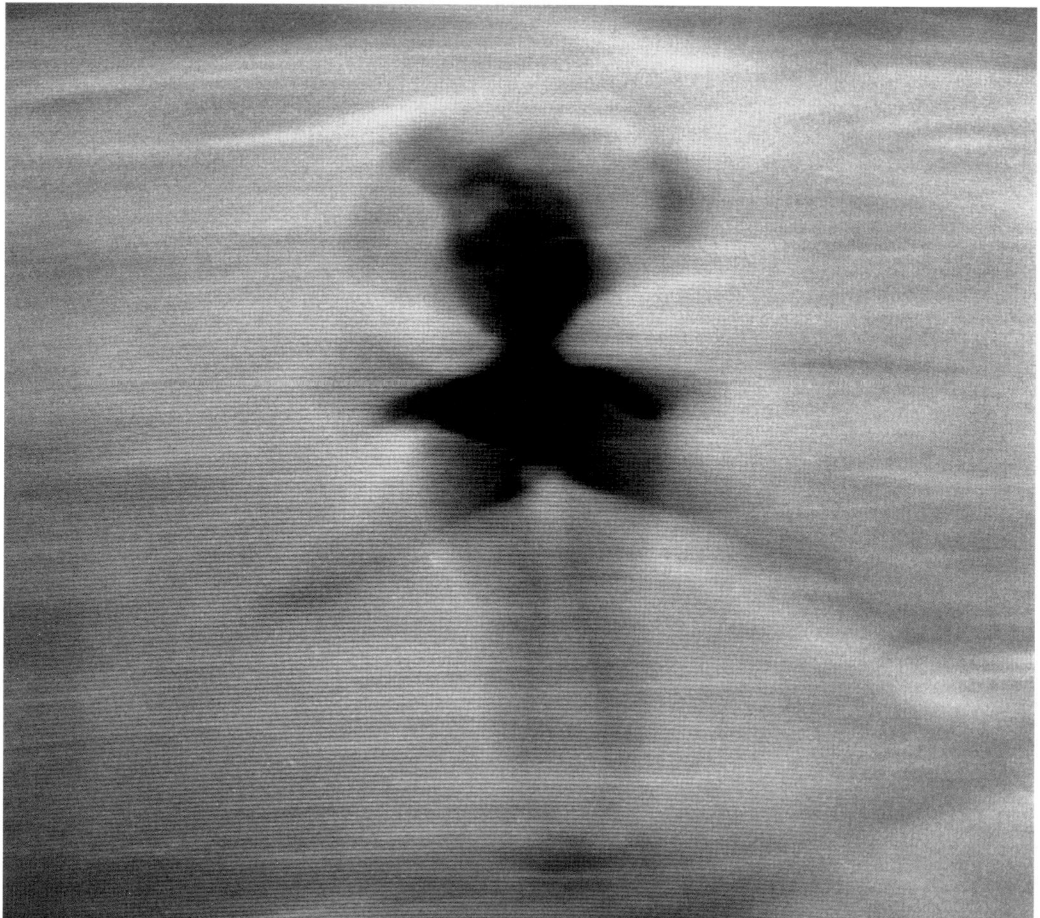

36 **Dancer / Tanečnice** 1959

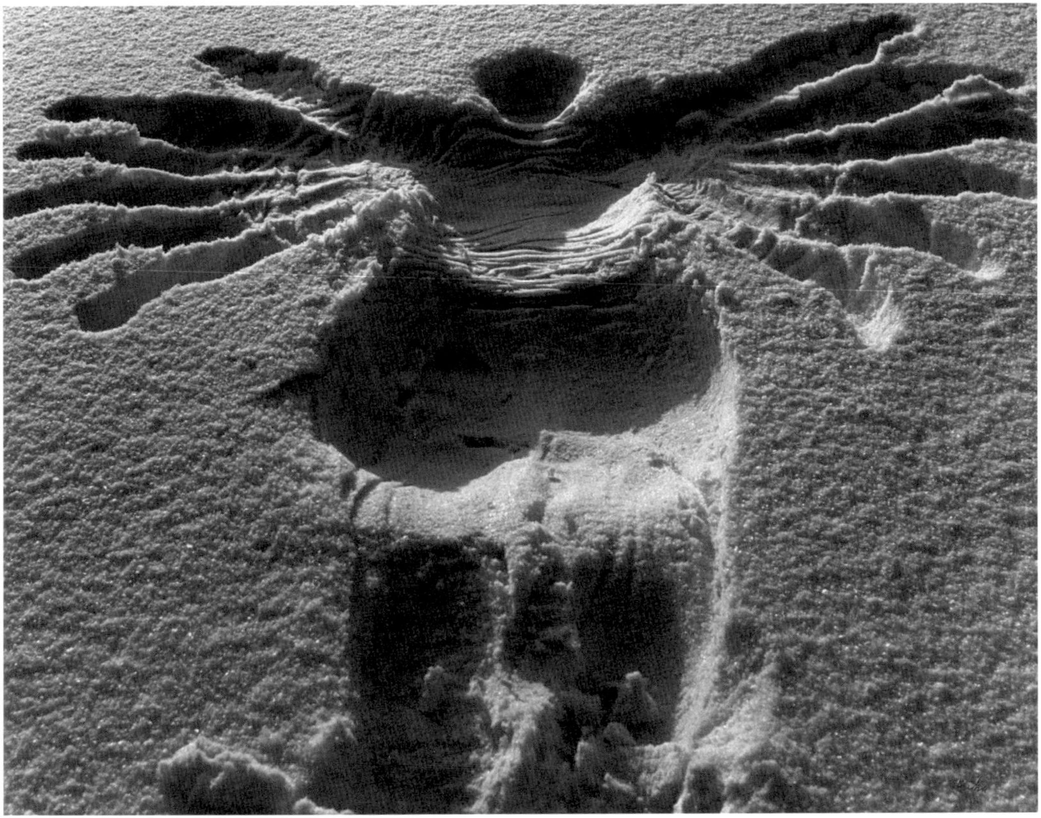

37 **Snow Angel / Sněžný anděl** 1953

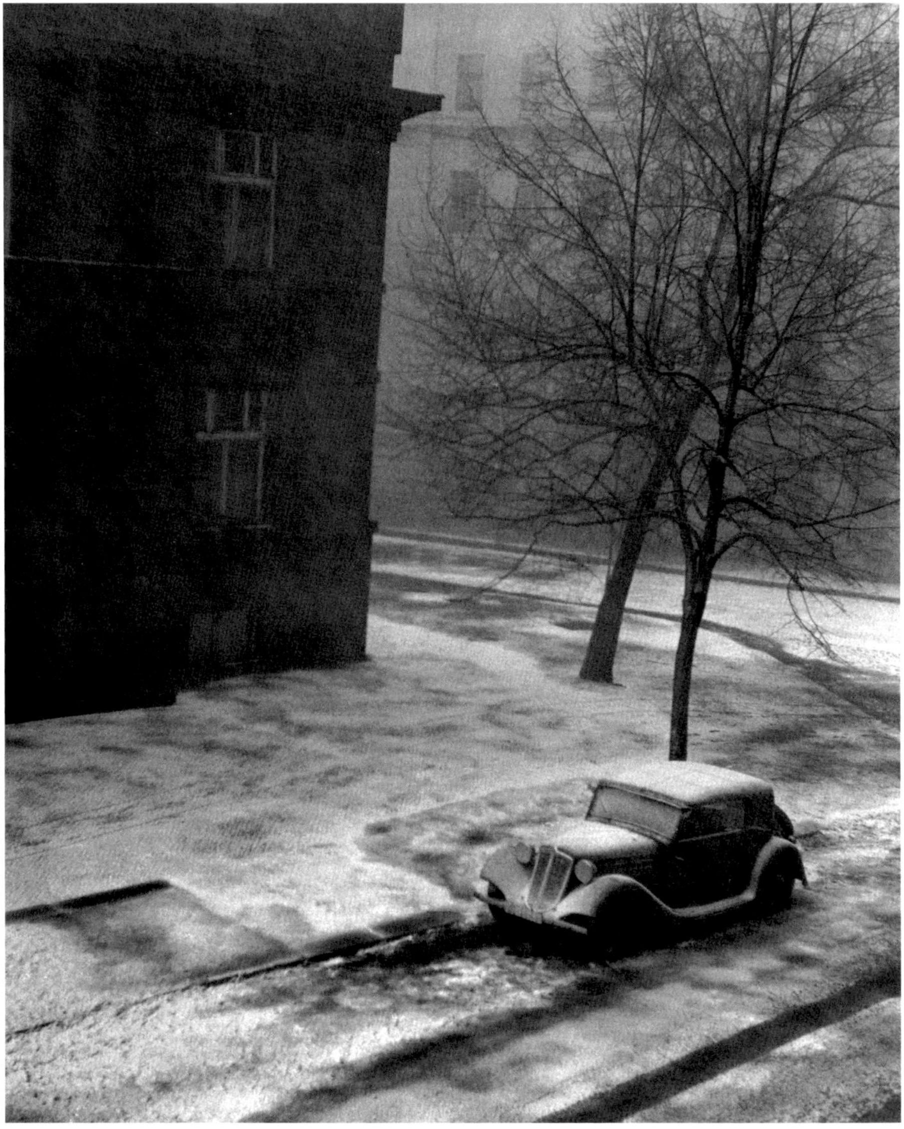

38 **Winter Street in Winter / Wintrova ulice v zimě** 1958

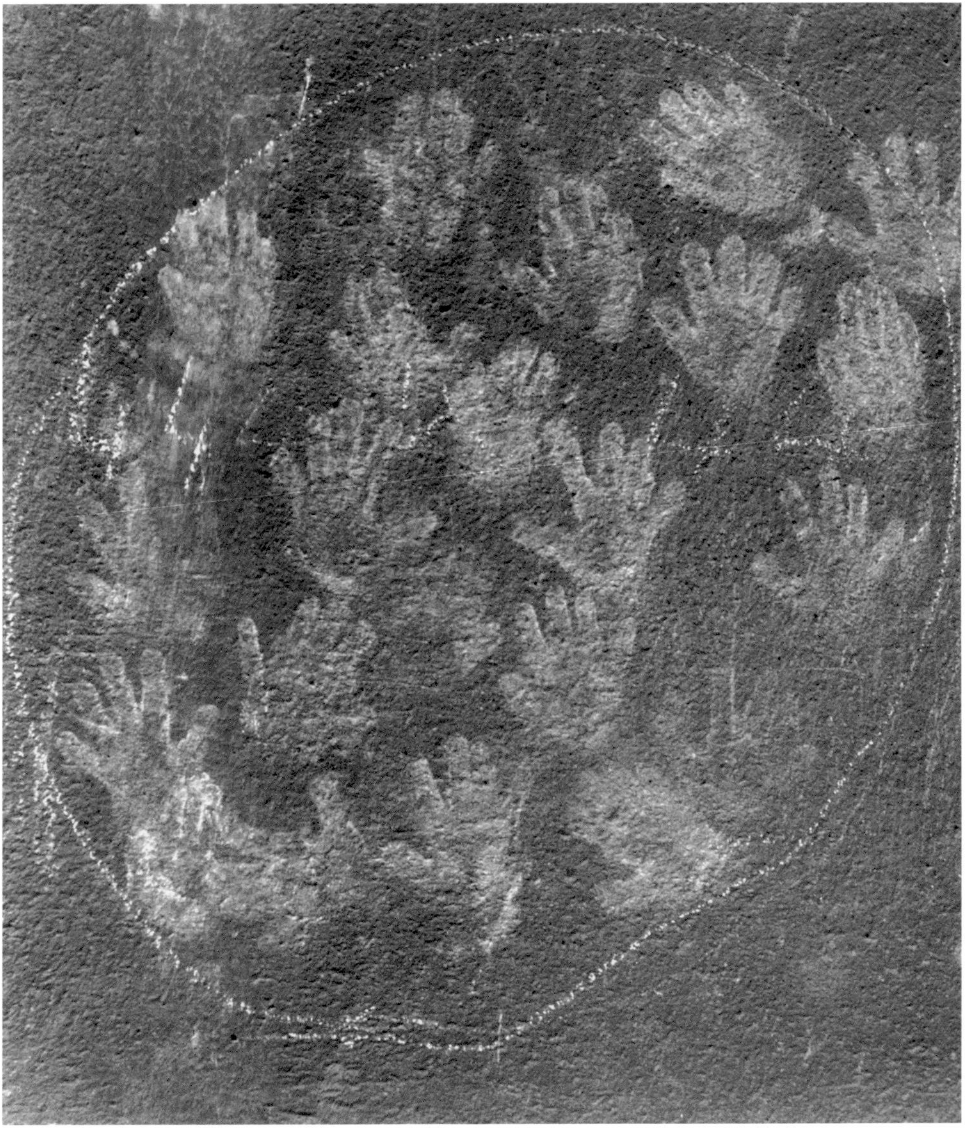

39 **Little Chalk Hands / Křídové ručky** c. 1960

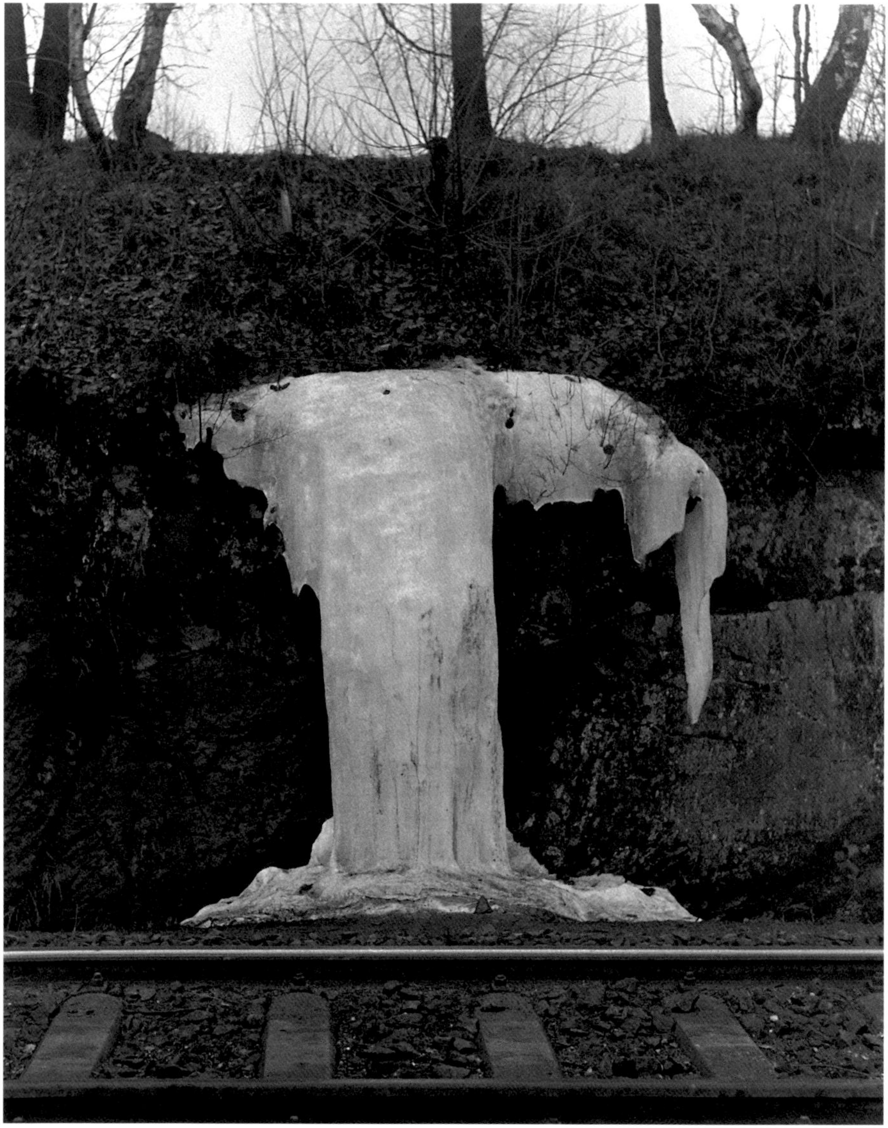

40 **In Kytlice / V Kytlici** 1962

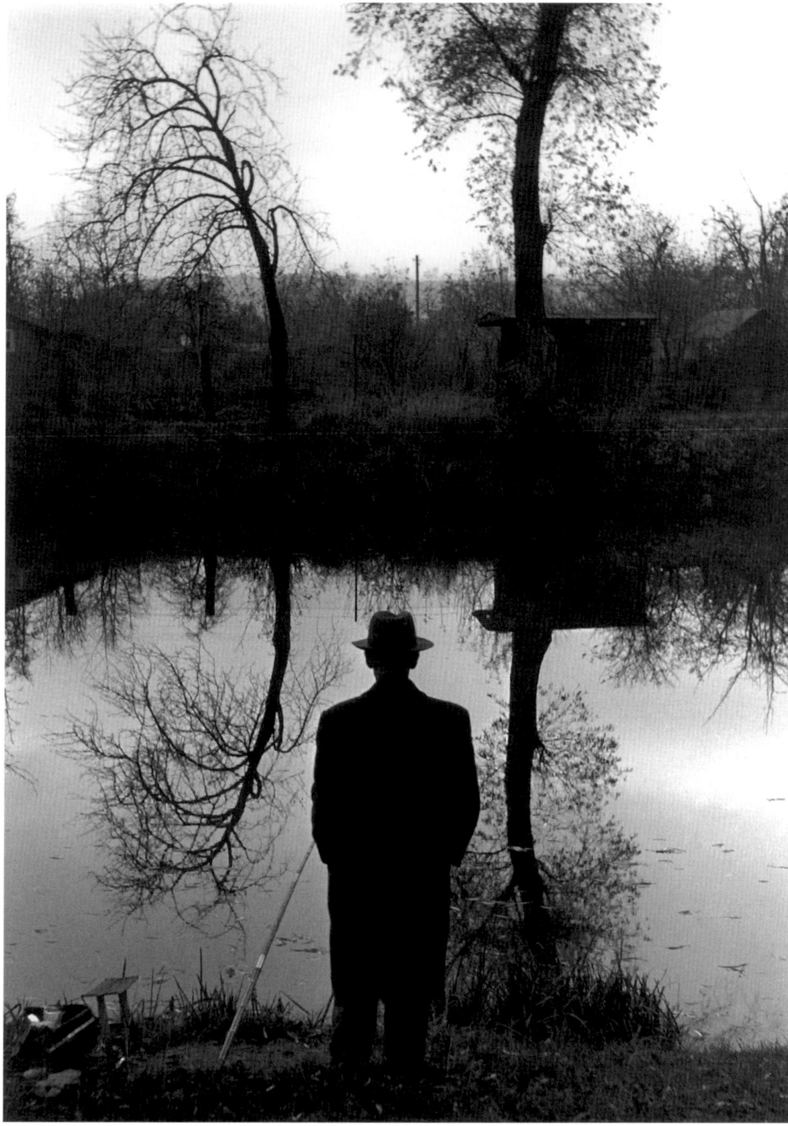

41 **Reflections / Zrcadlení** 1954

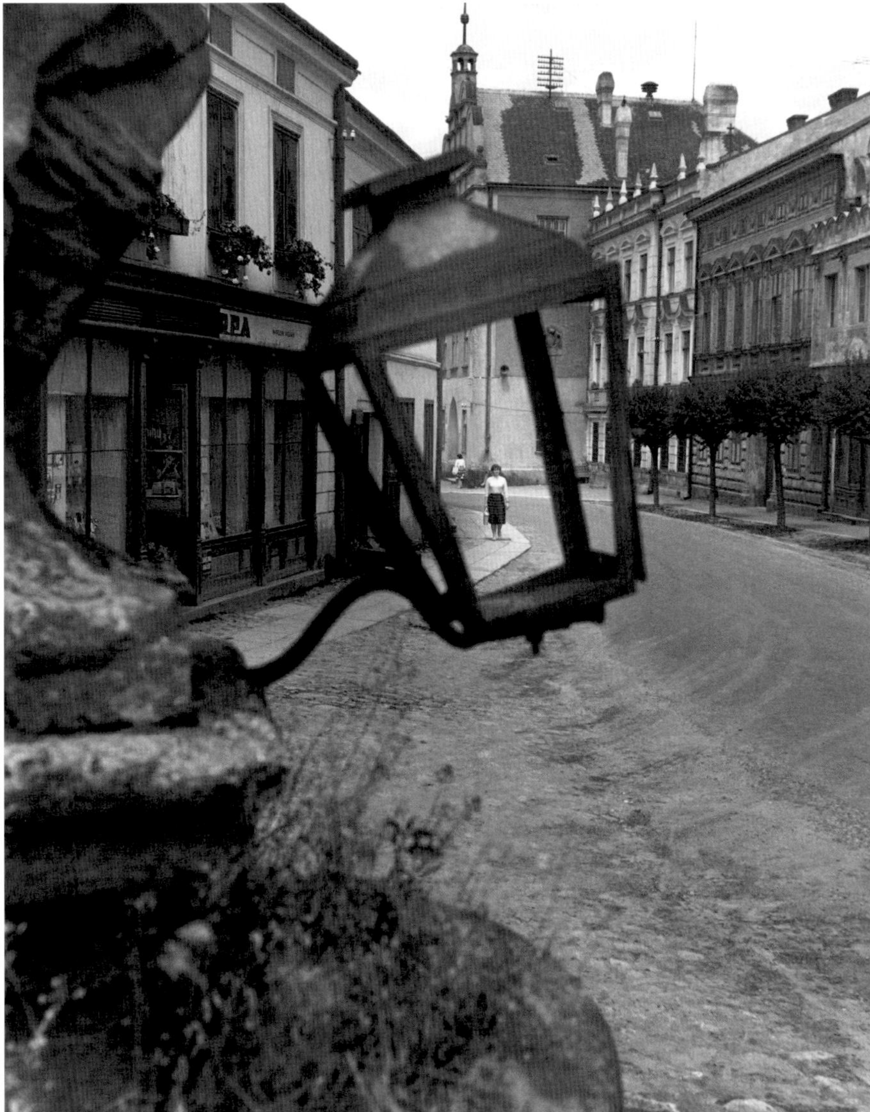

42 **Lightless Street / Ulice bez světla** 1960

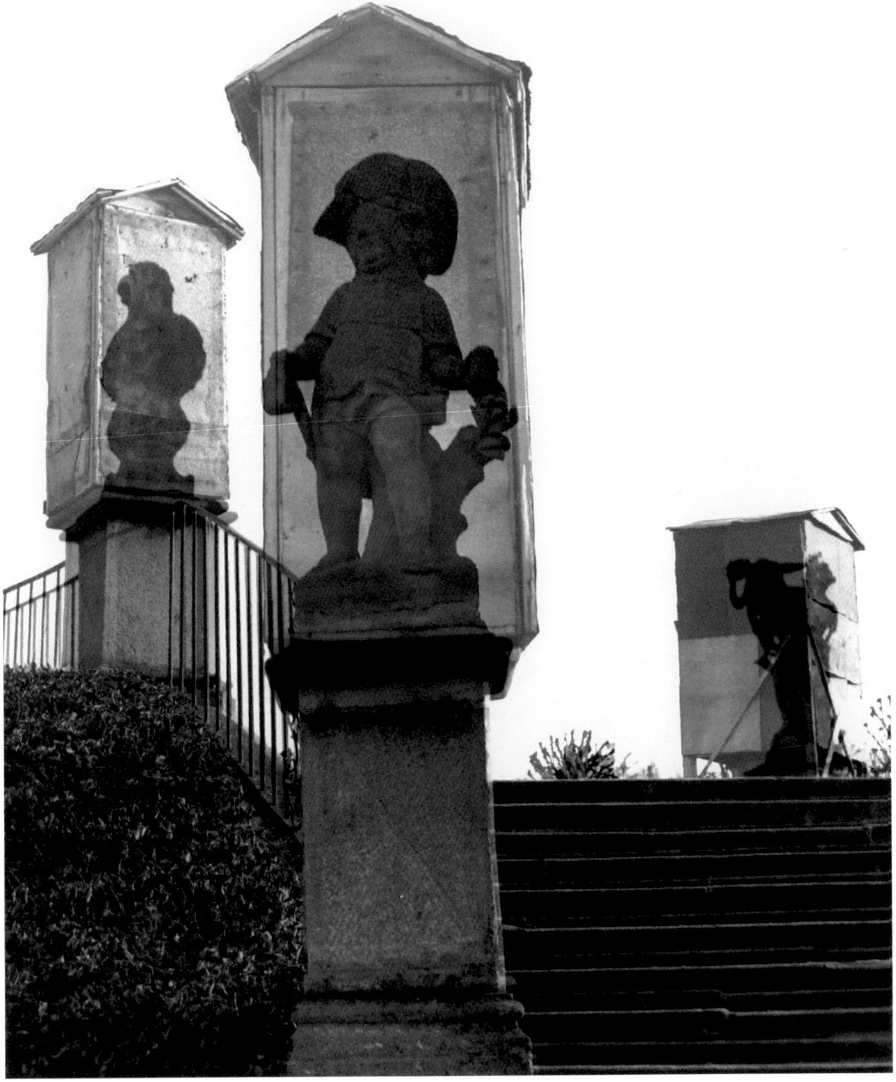

43 **Imprisoned sculptures / Uvězněné sochy** 1961

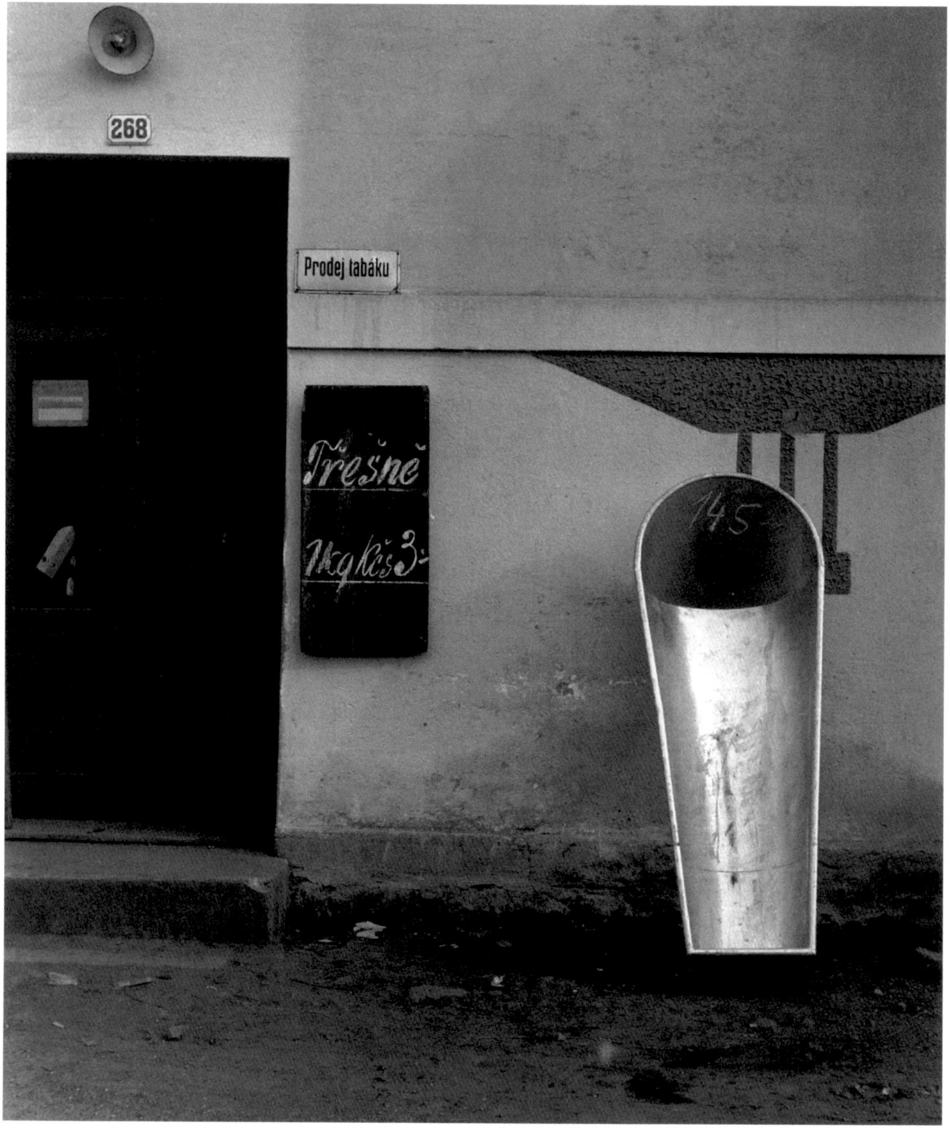

44 **Bathtub / Vana** 1952

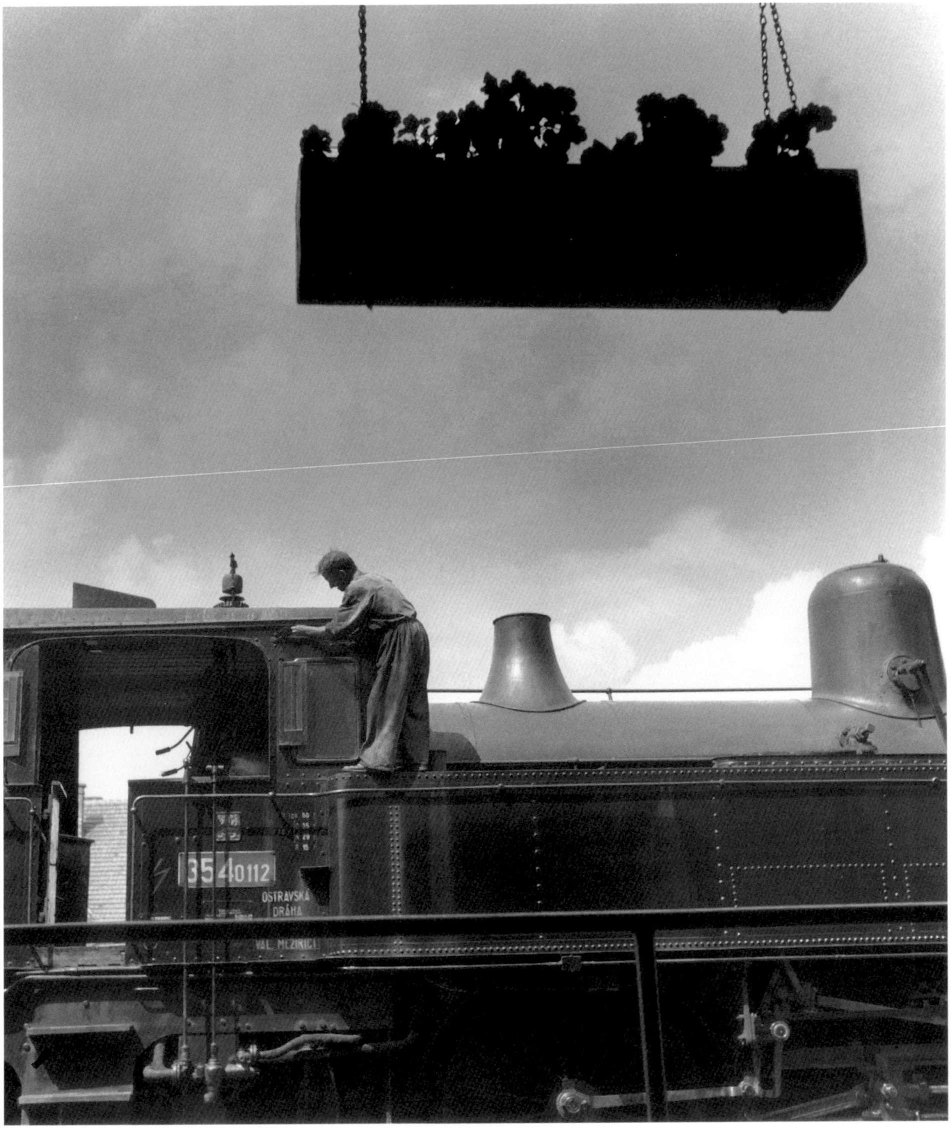

45 **Terminal / Konečná stanice** 1957

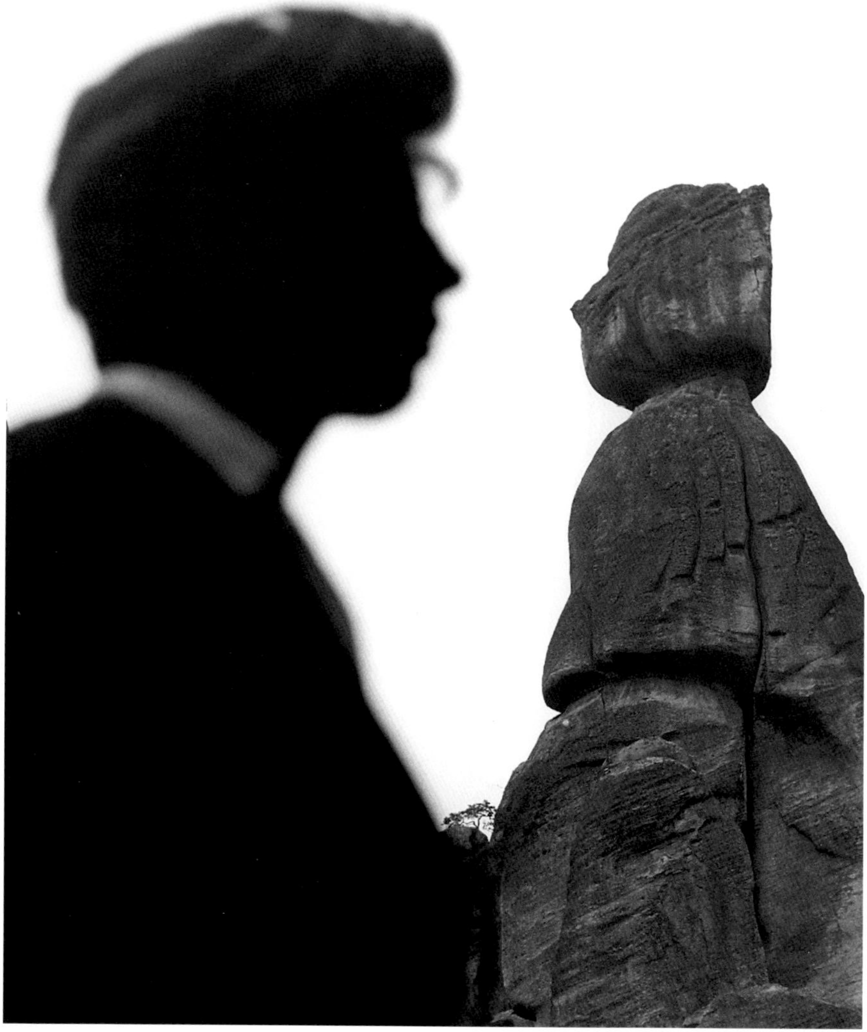

46 **Echo / Ozvěna** 1955

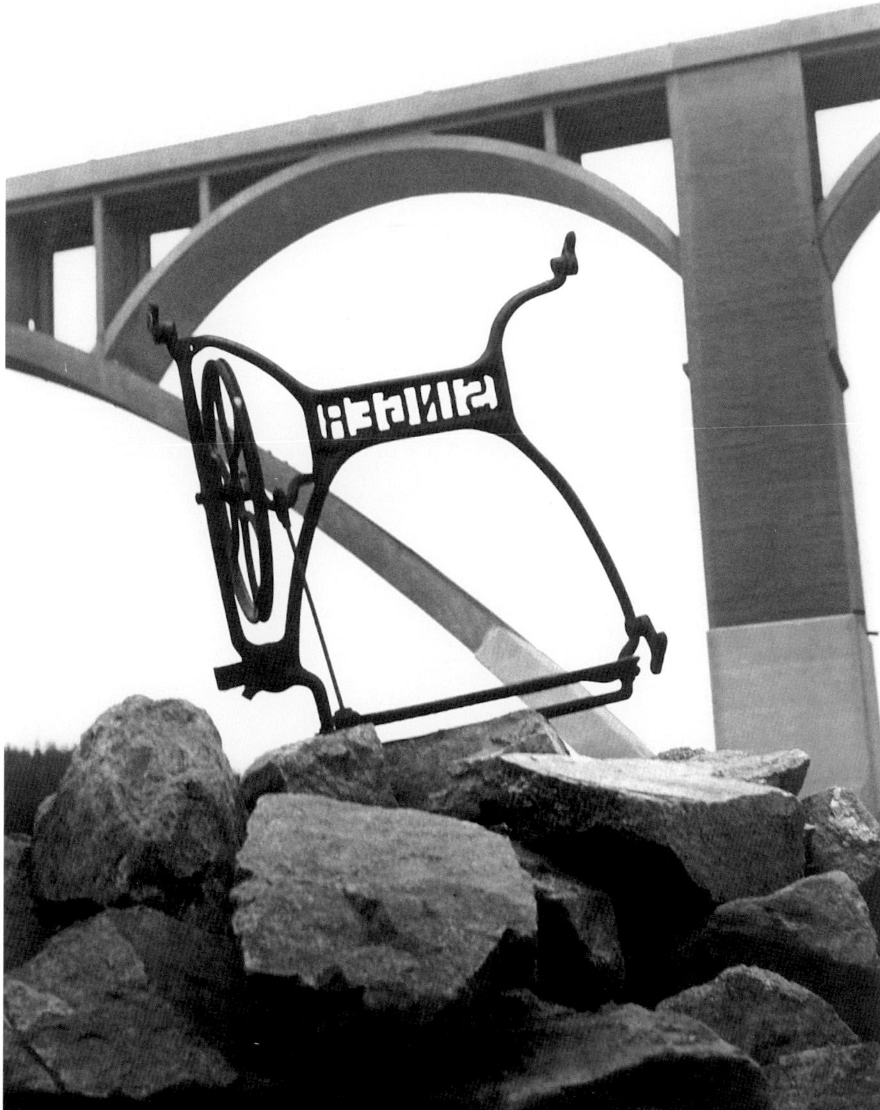

47 **Singer** 1954

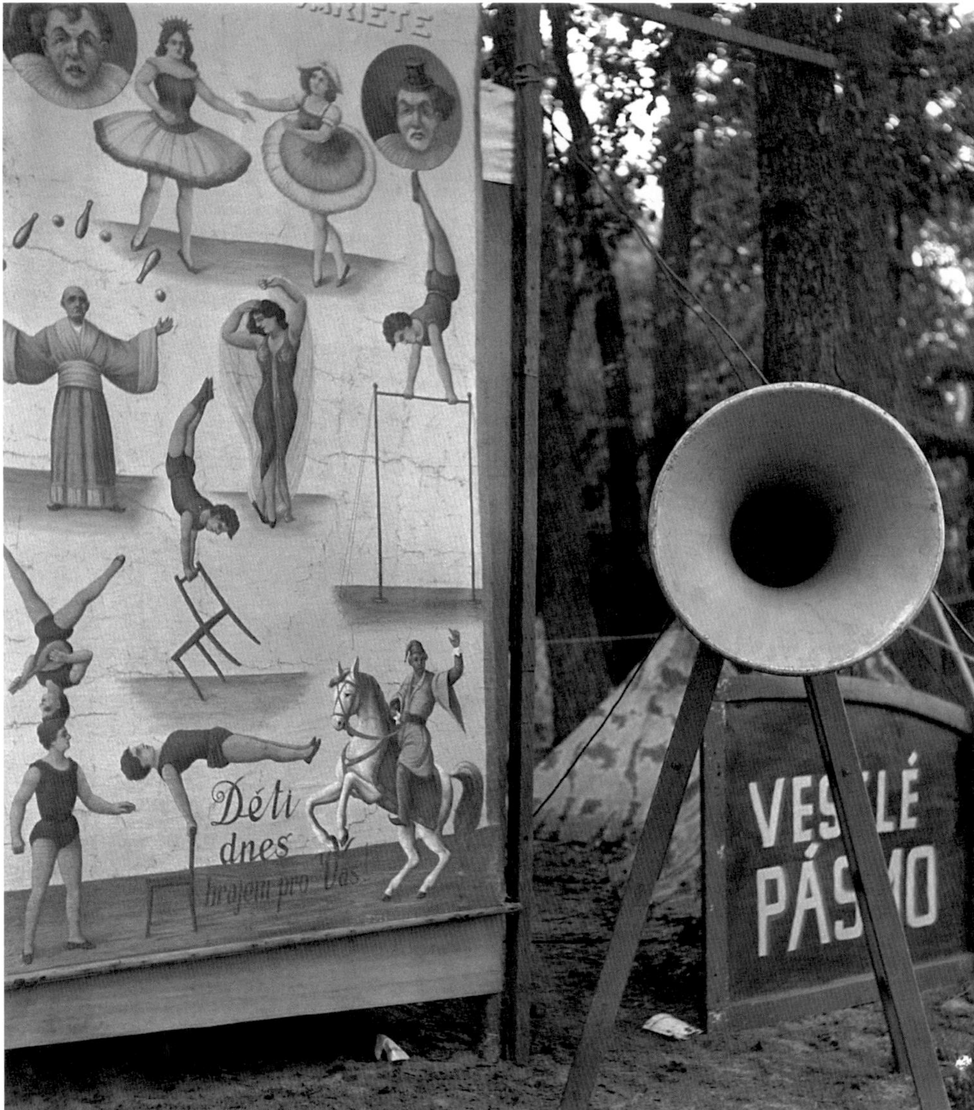

48 **Variety Show / Varieté** 1953

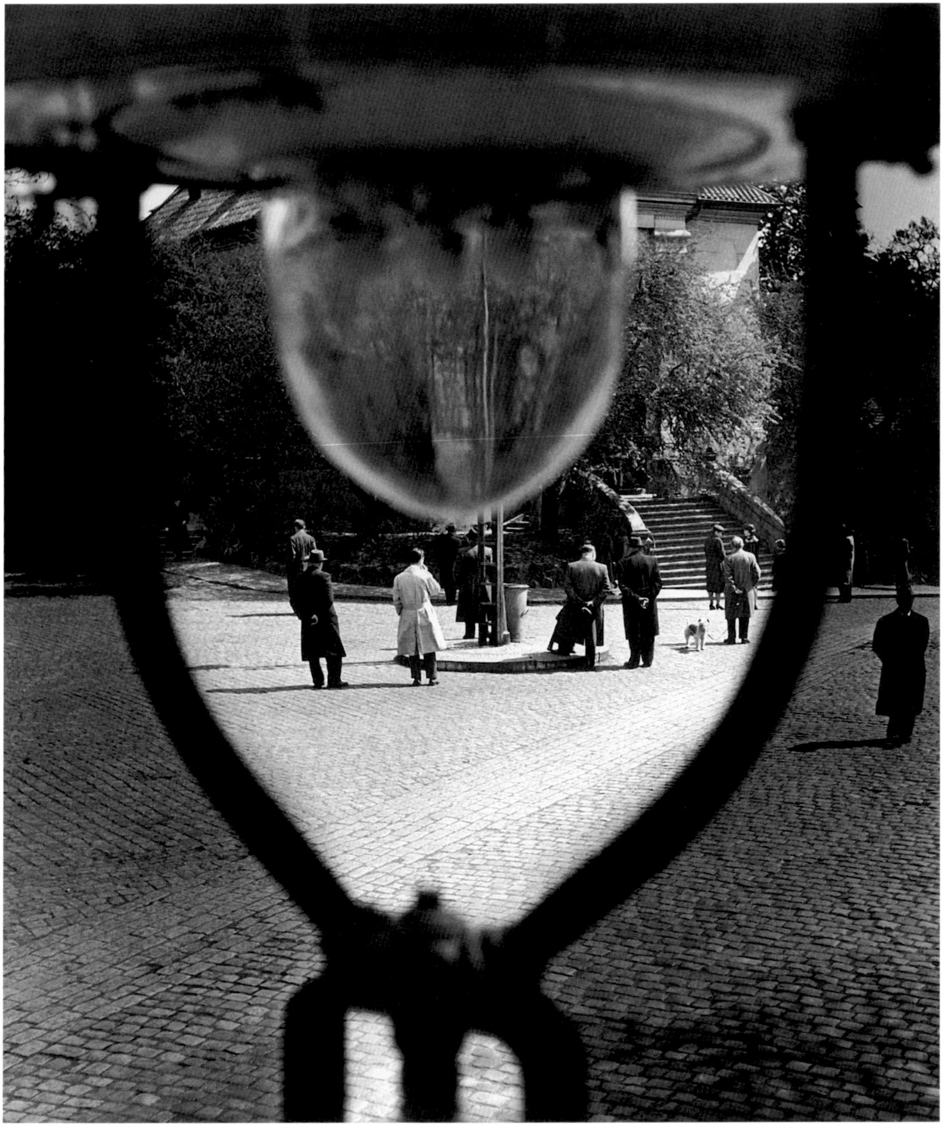

49 **Gas Lamp / Plynová lampa** 1952

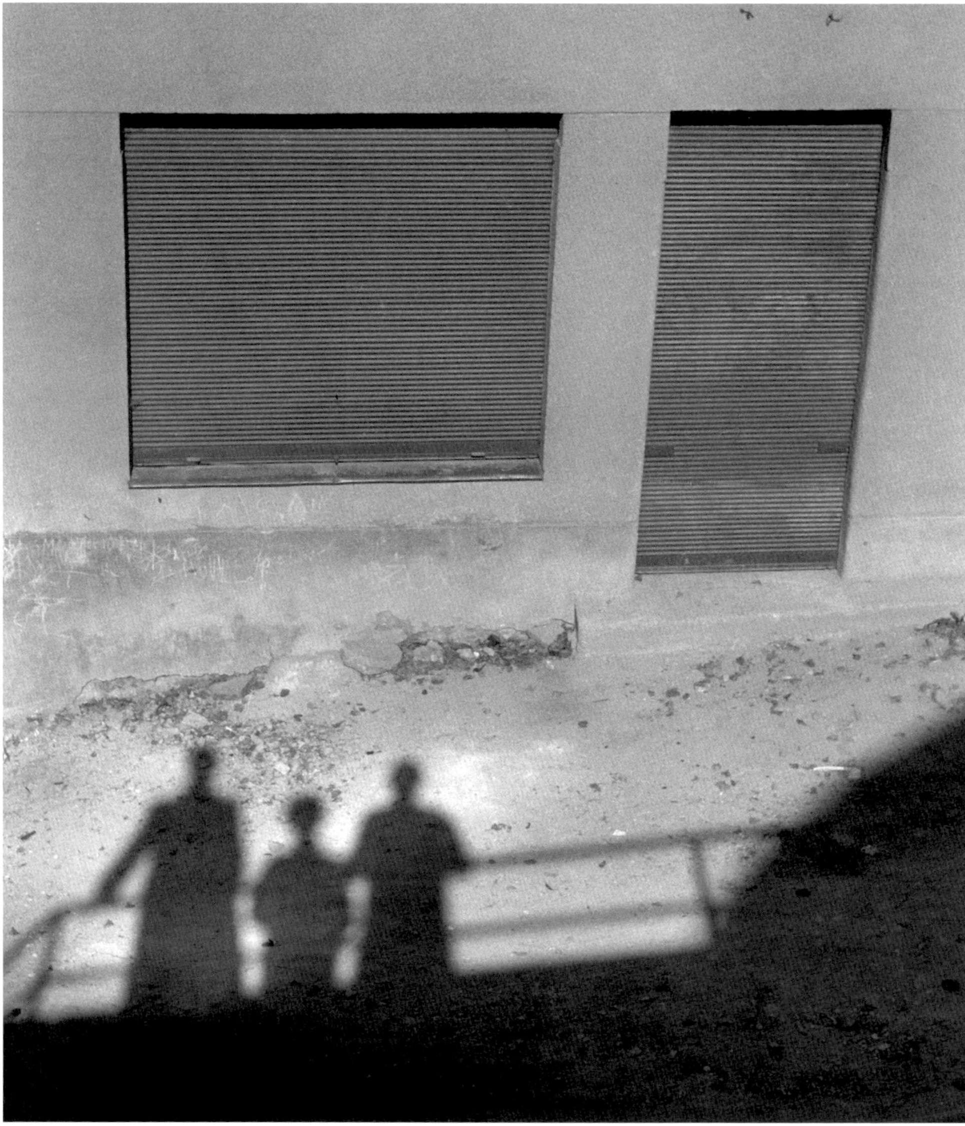

50 **Three / Tři** 1954

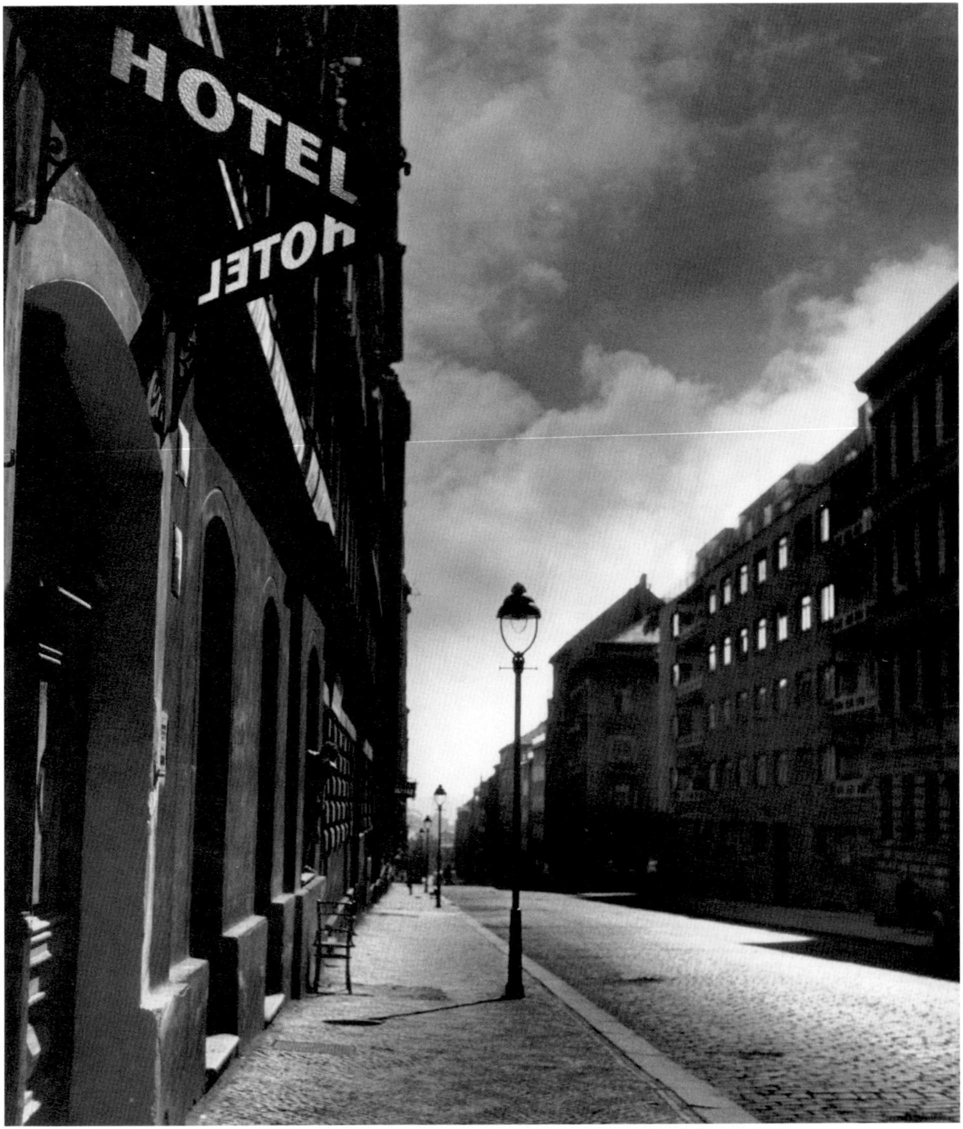

51 **Hotel** c. 1952

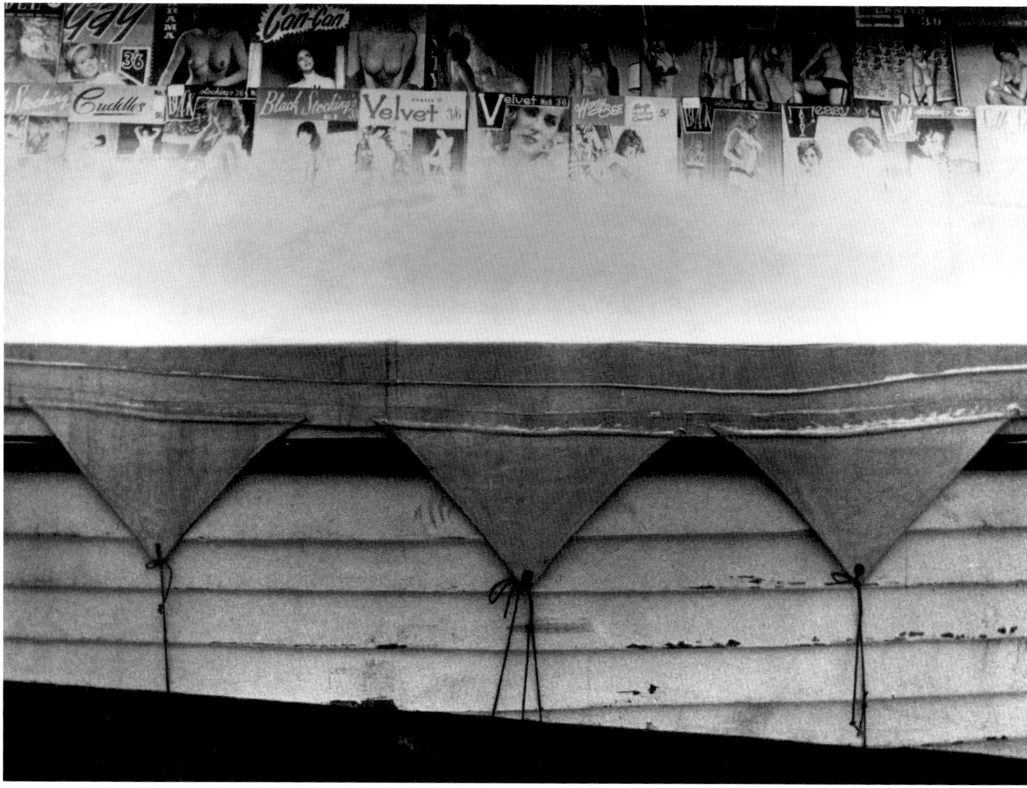

52 **Denmark / Dánsko** c. 1960

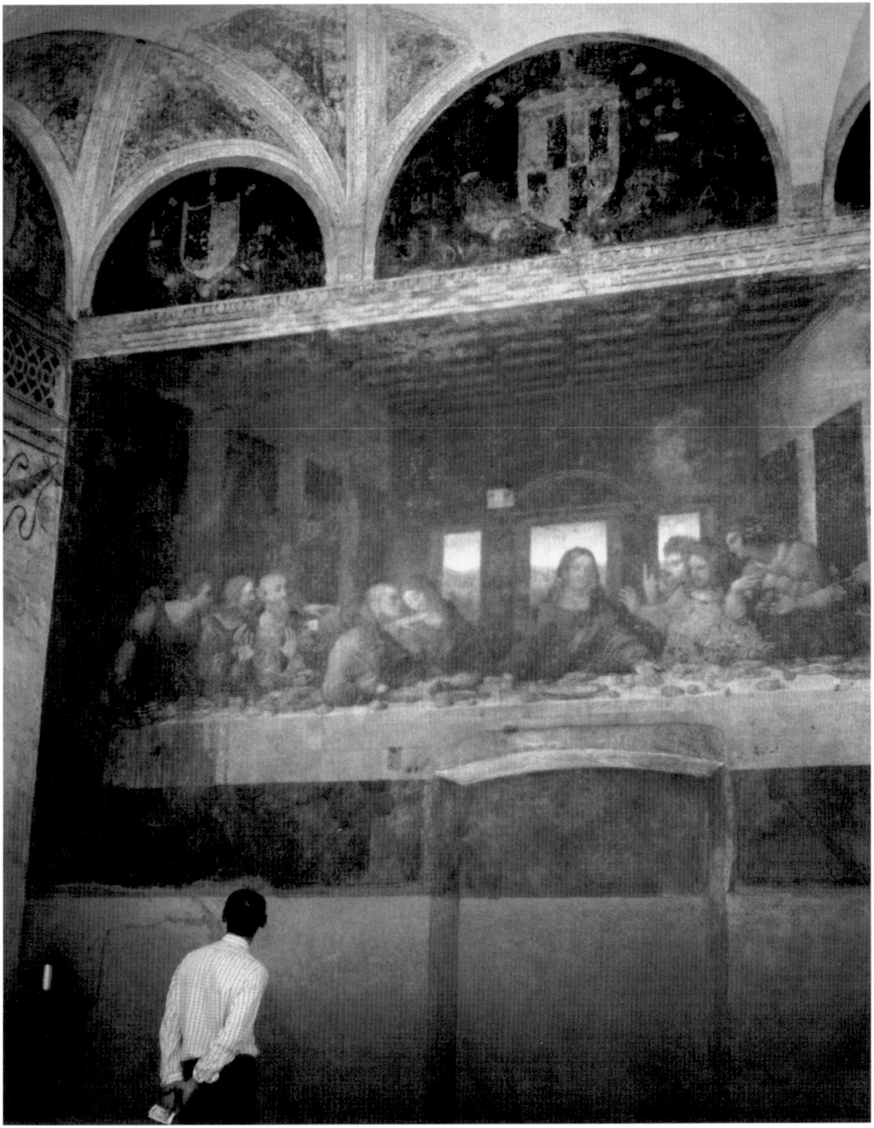

53 **The Last Supper / Poslední večeře** c. 1959

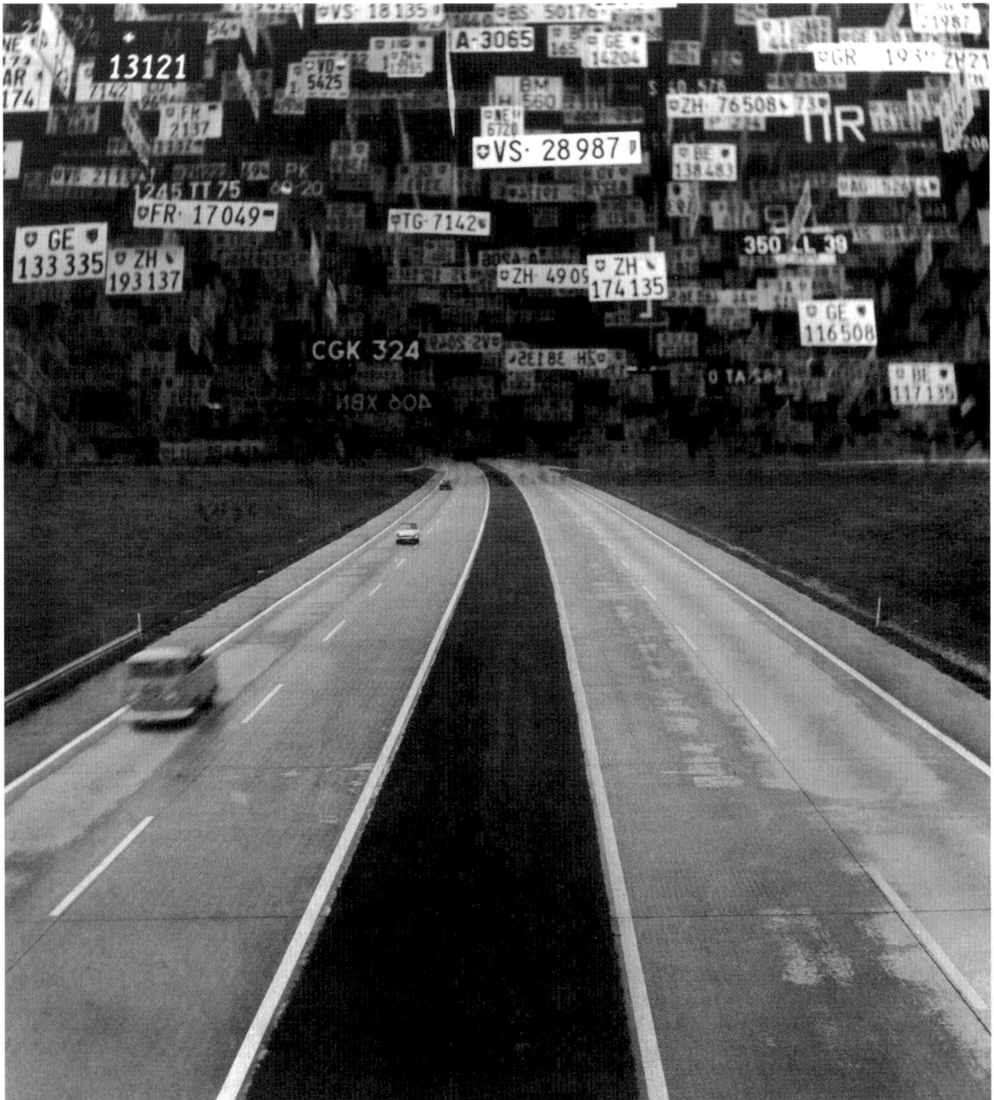

54 **Highway / Dálnice** 1958

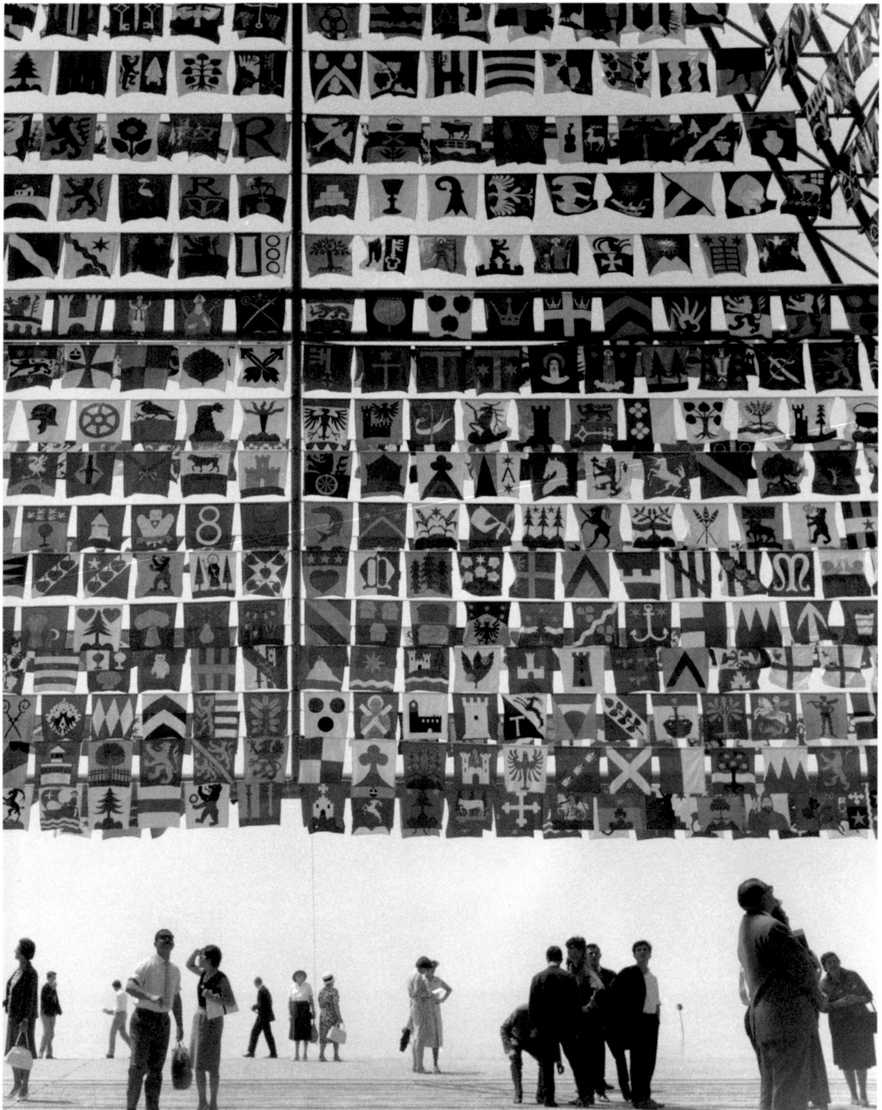

55 **Flags / Vlajky** c. 1958

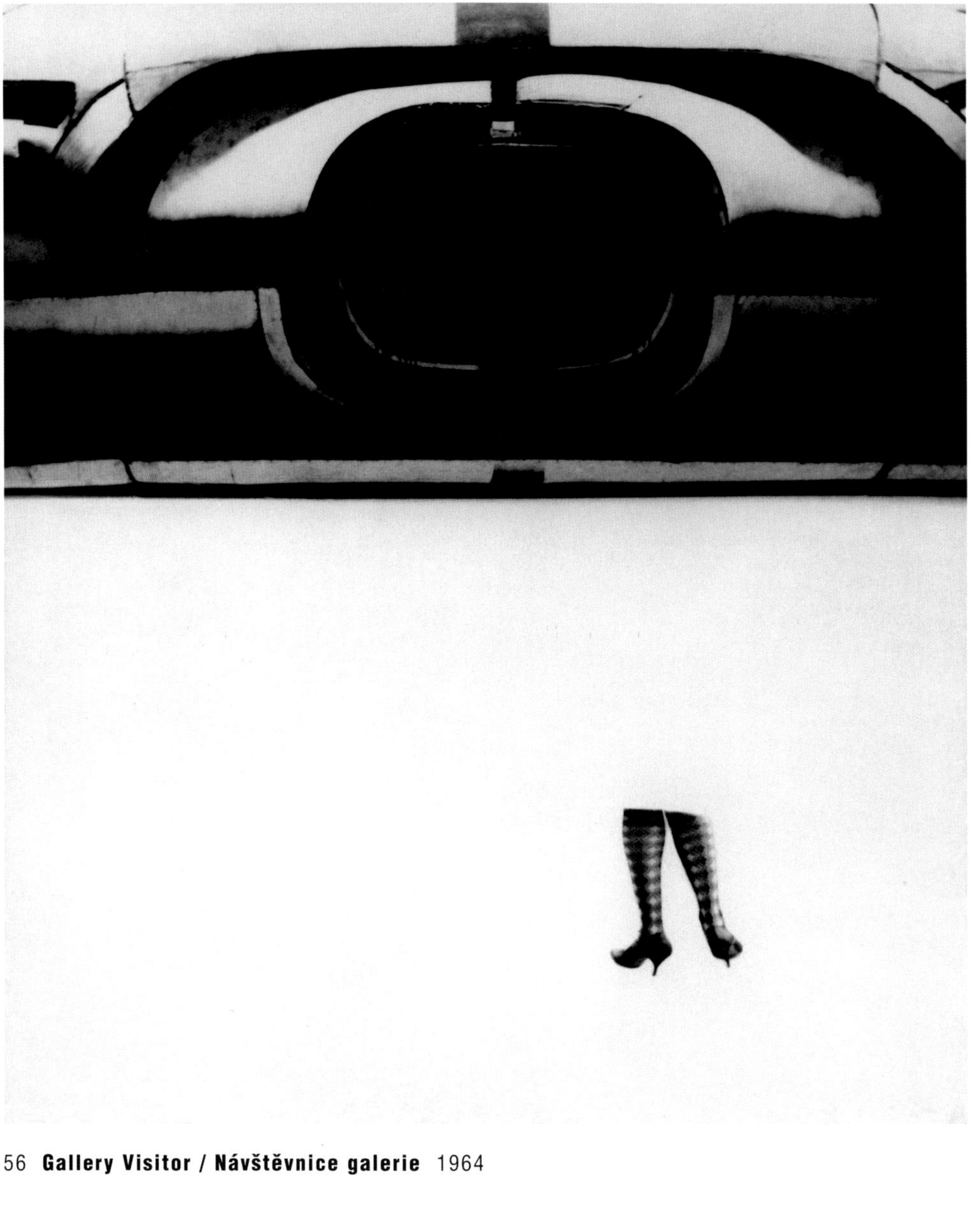

56 **Gallery Visitor / Návštěvnice galerie** 1964

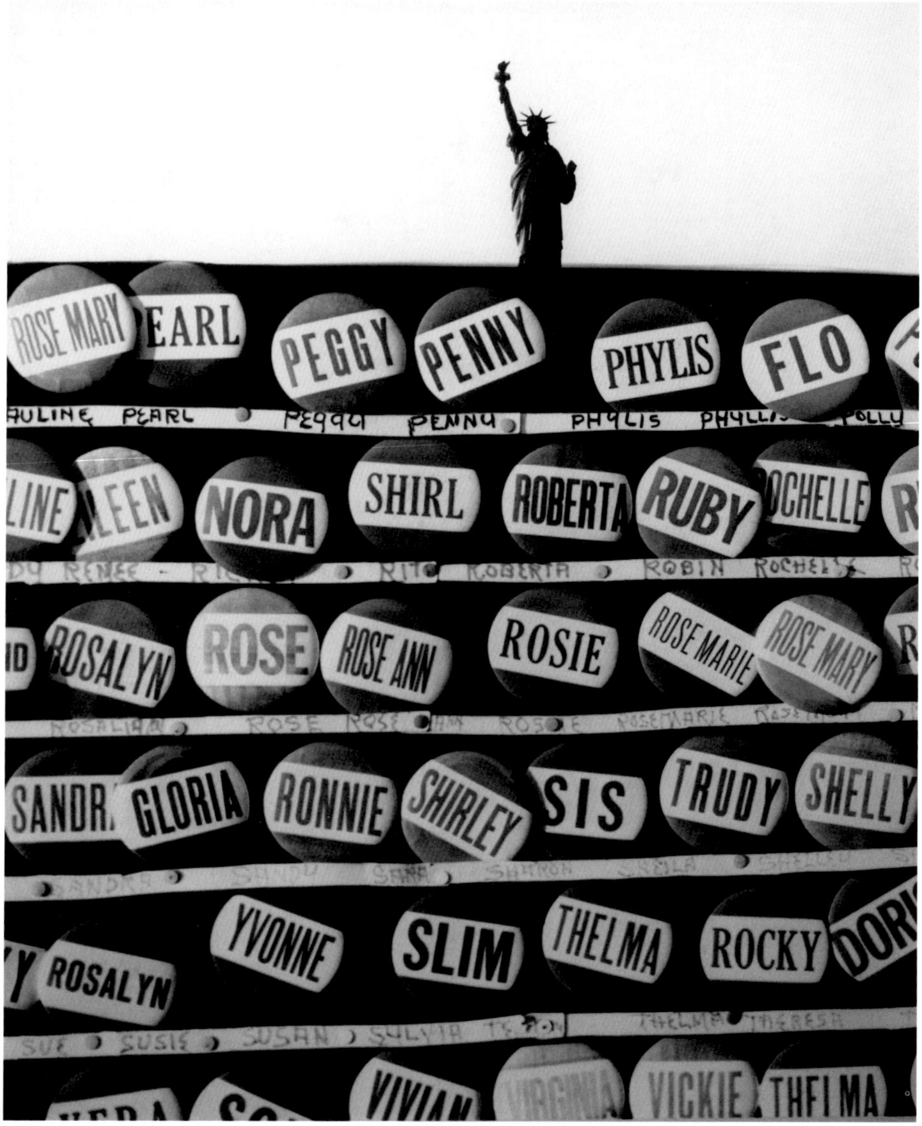
ROSE MARY
PEGGY
PENNY
PHYLIS
FLO
PEARL
PEGGY
PENNY
PHYLIS
POLLY
NORA
SHIRL
ROBERTA
RUBY
RENEE
ROBERTA
ROBIN
ROSALYN
ROSE
ROSE ANN
ROSIE
ROSE MARIE
ROSE MARY
GLORIA
RONNIE
SHIRLEY
SIS
TRUDY
YVONNE
SLIM
THELMA
ROCKY
ROSALYN
SUE
SUSIE
SUSAN
VICKIE

57 **USA** 1964

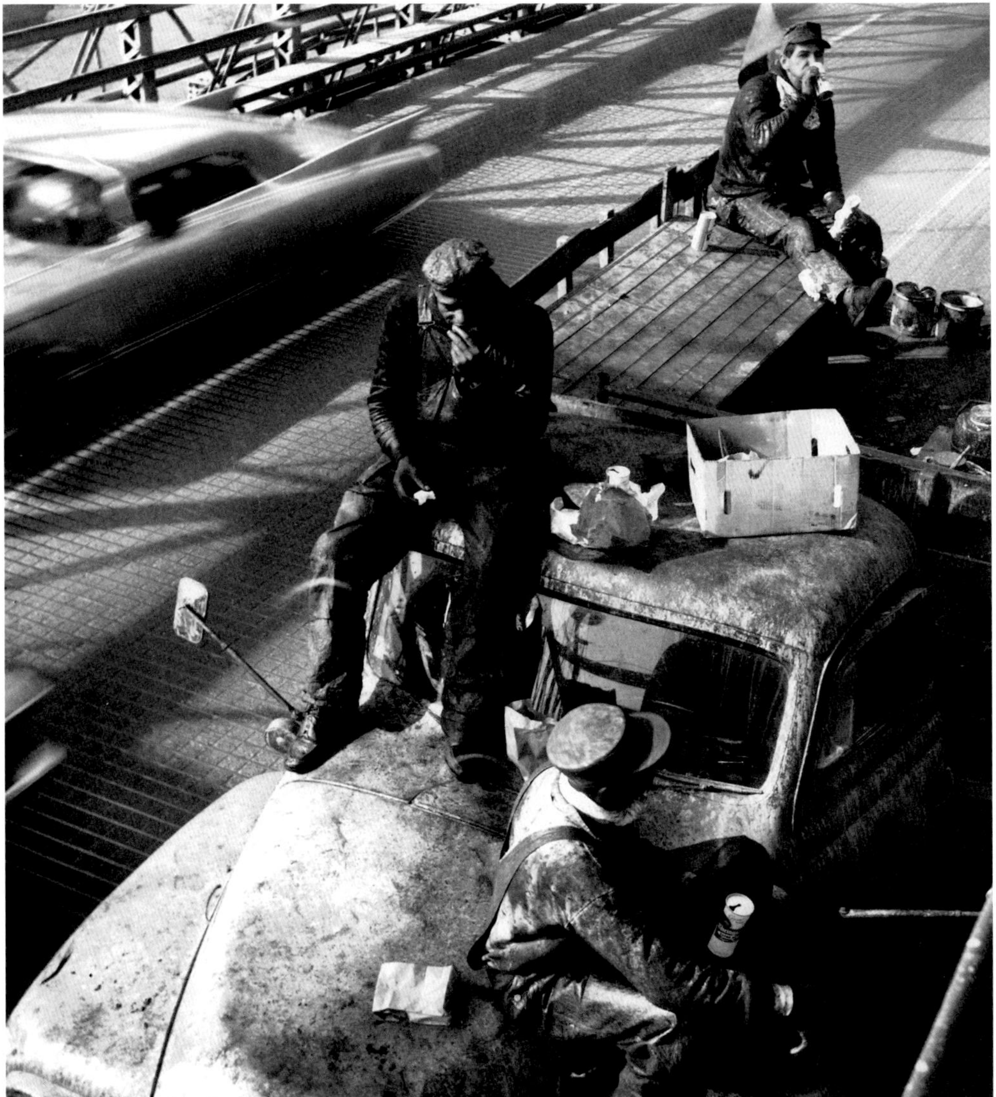

58 **Lunch Break / Polední přestávka** 1964

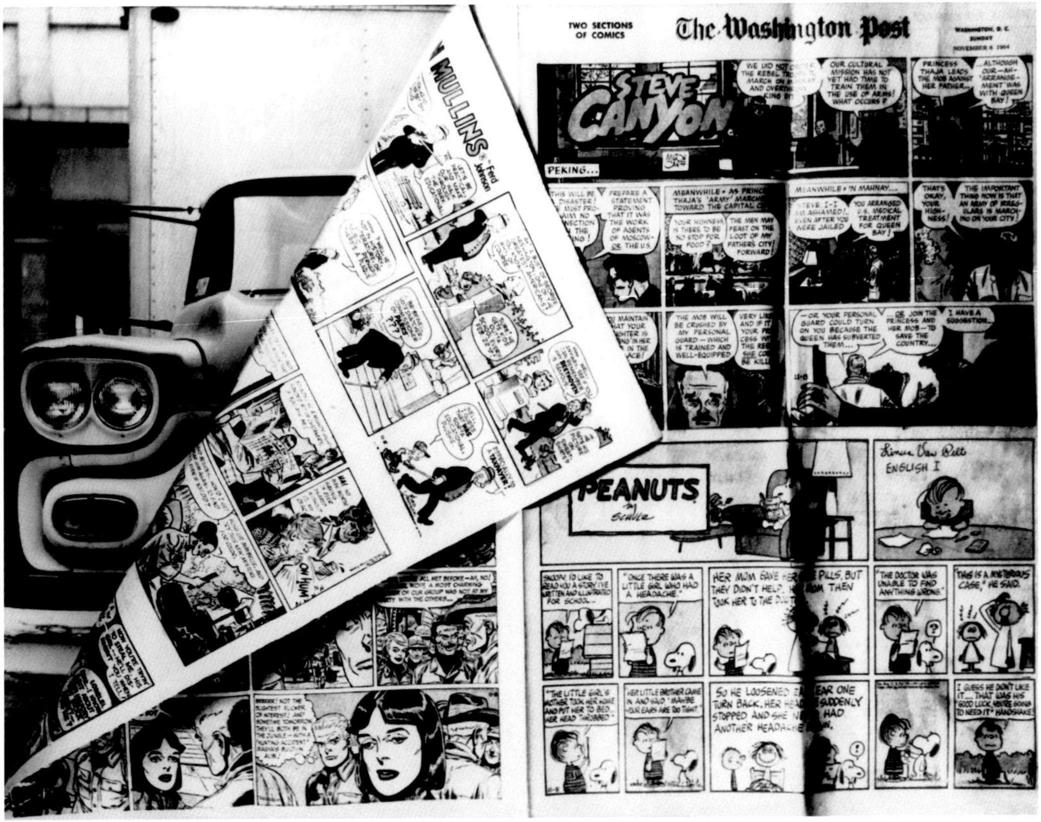

59 **Comics / Komiks** 1964

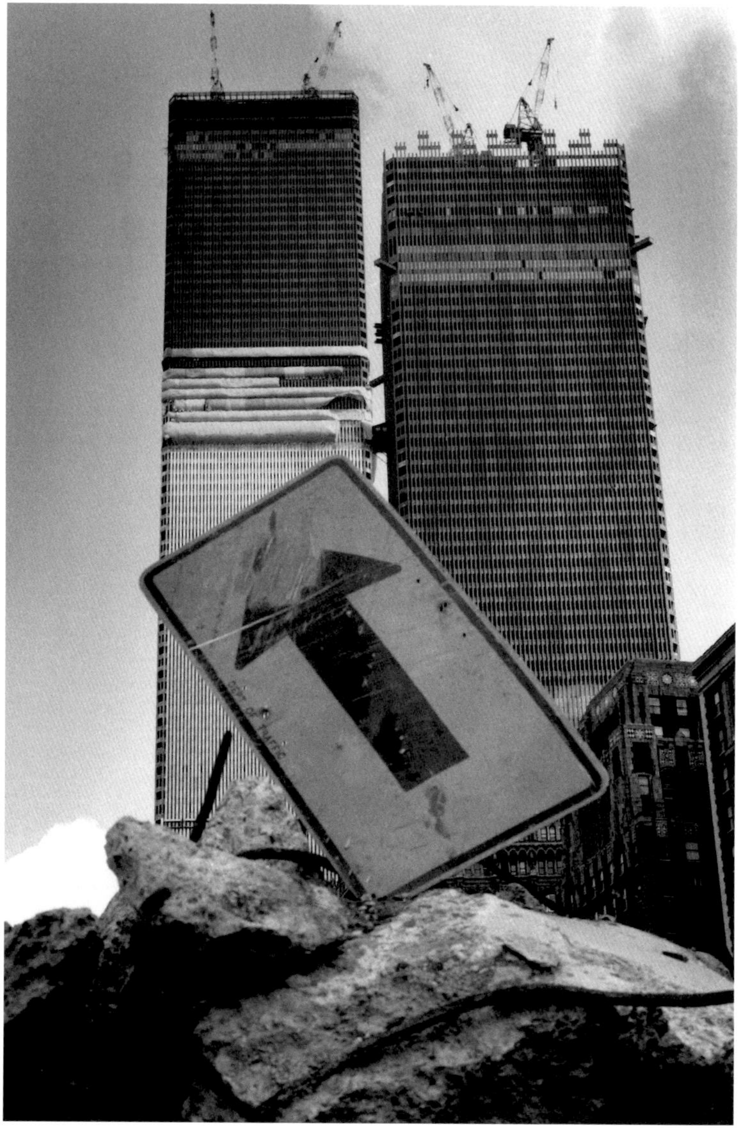

60 **The World Trade Center / Světové obchodní centrum** 1971

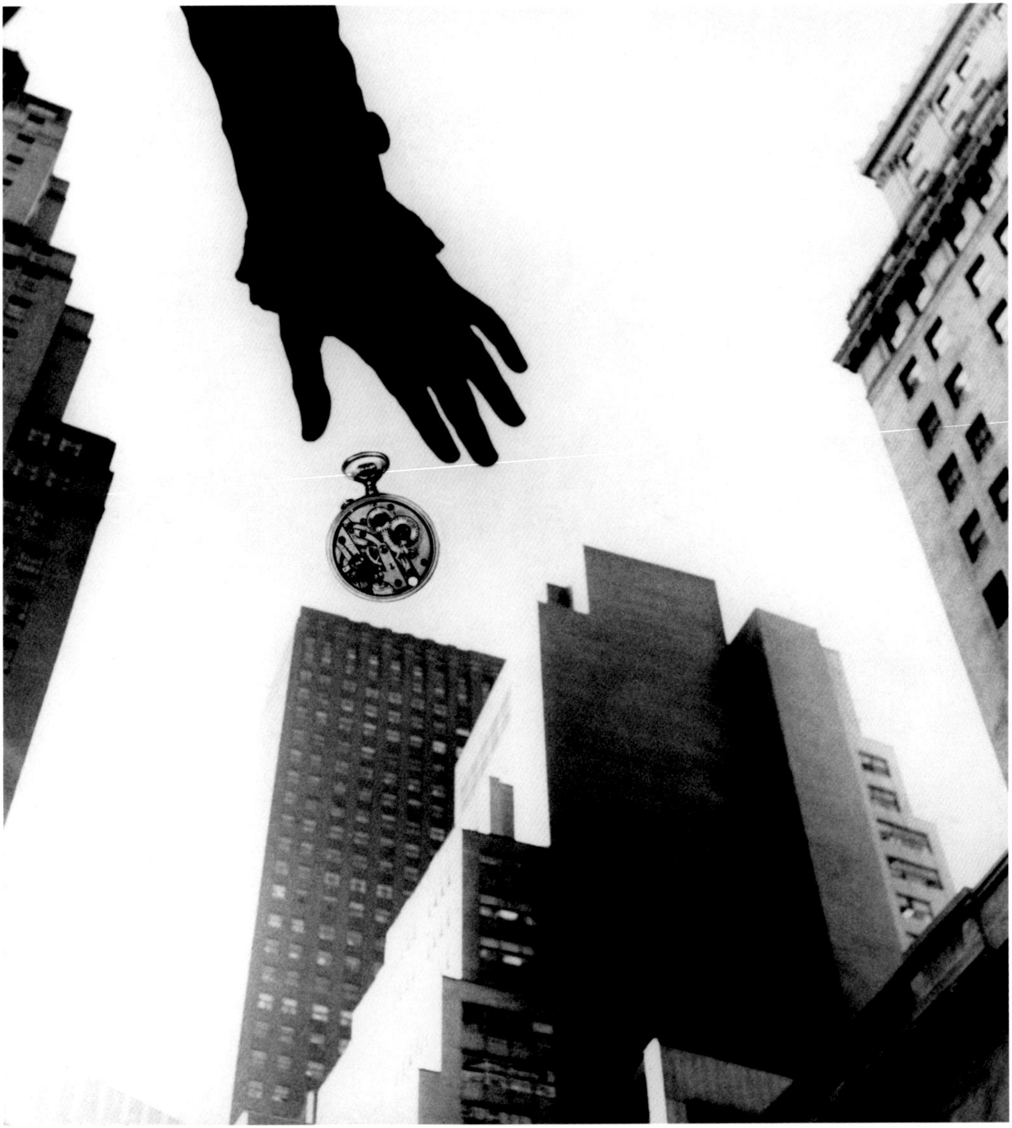

61 **Washington's Hand / Washingtonova ruka** 1964

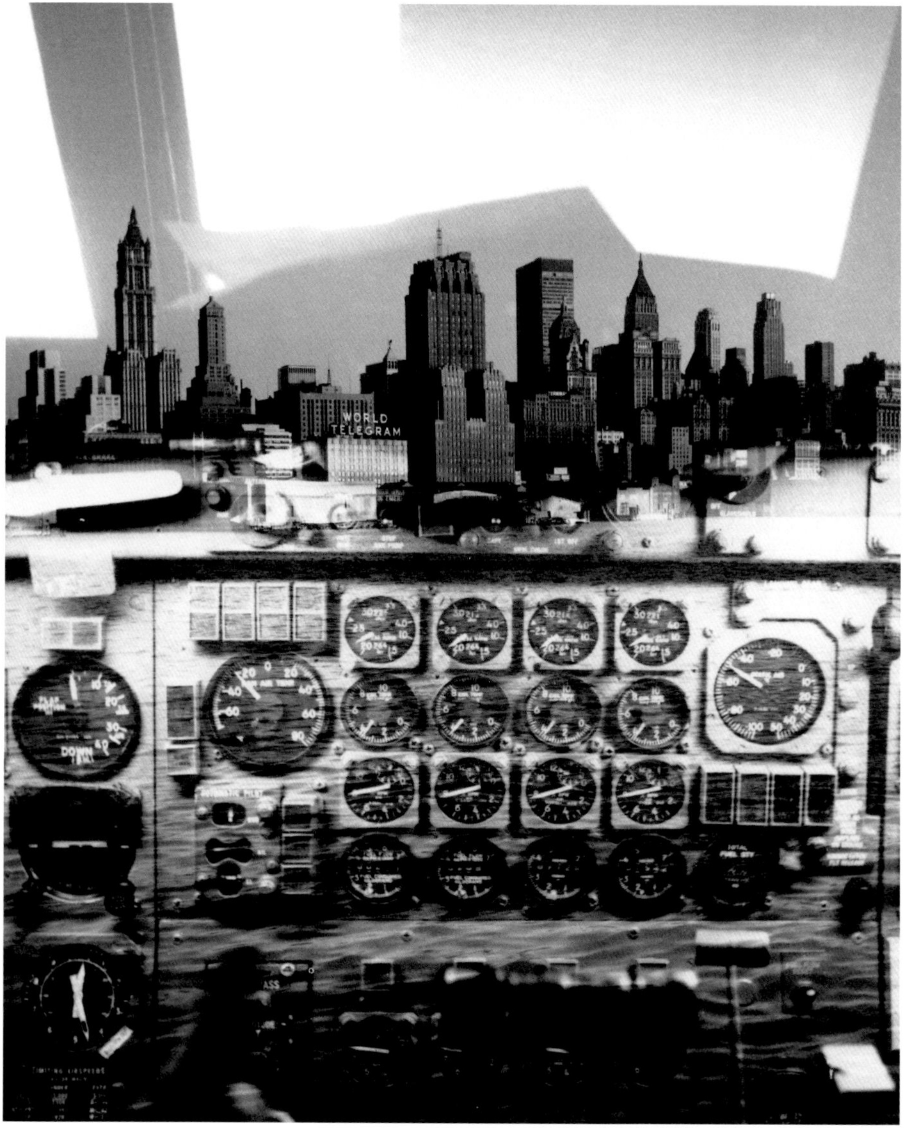

62 **Skyline from a Helicopter / Obzor z helikoptéry** 1964

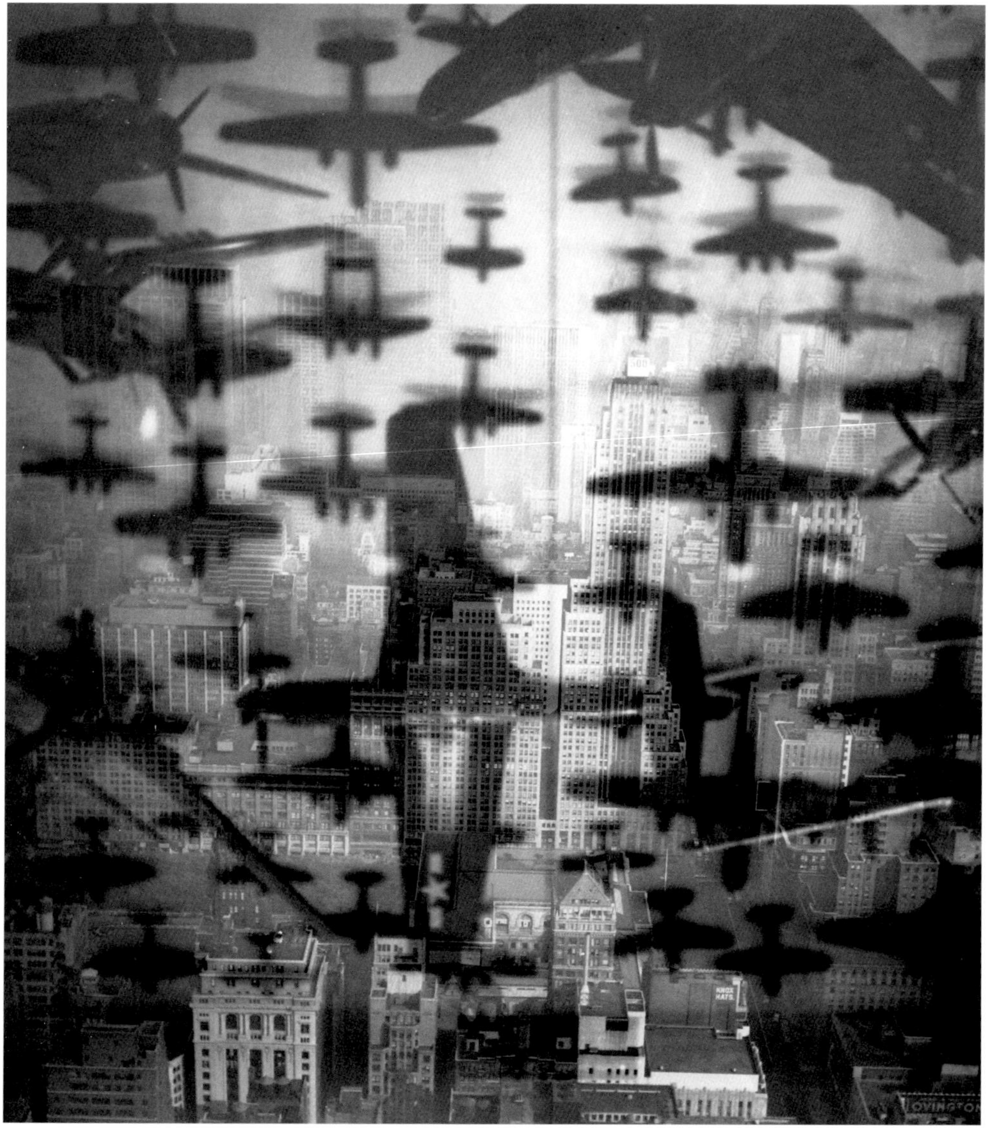

63 **Shadows over the City / Stíny nad městem** 1964

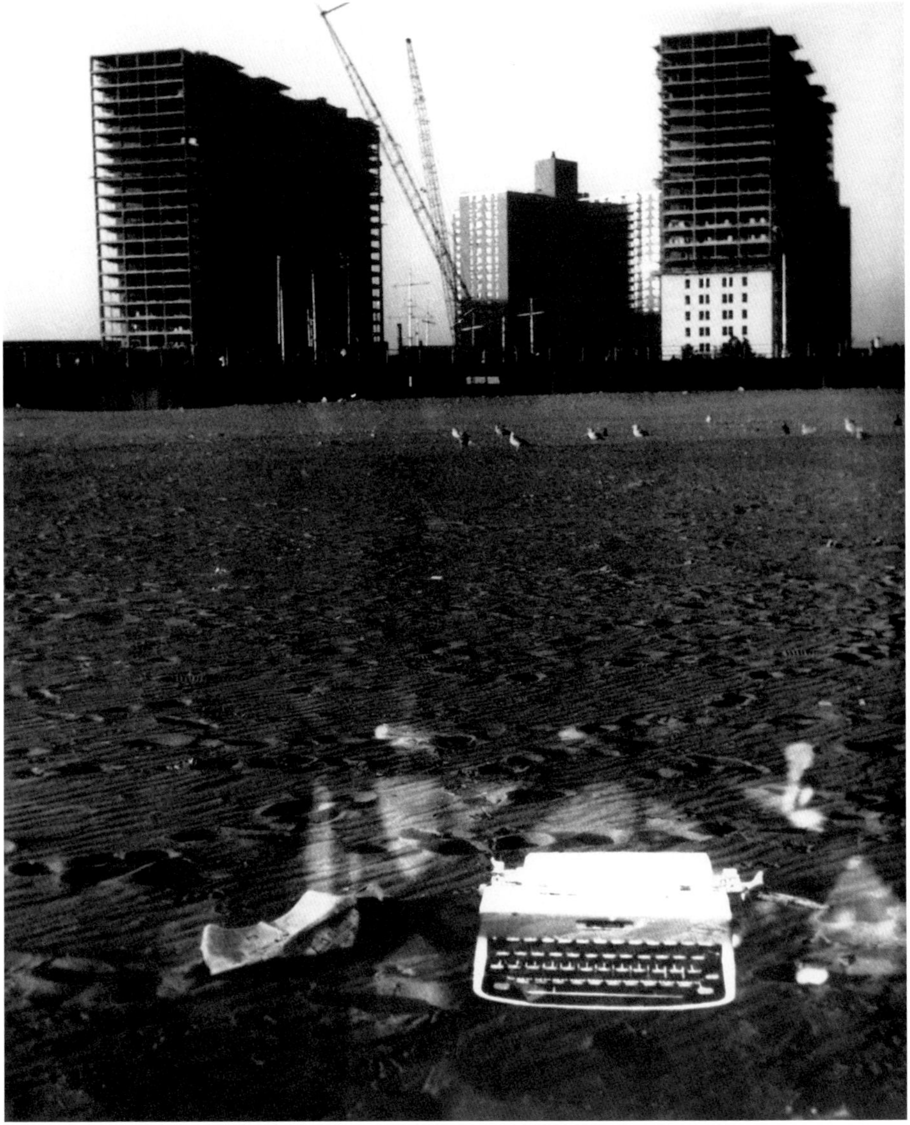

64 **Coney Island Story / Povídka z Coney Islandu** 1964

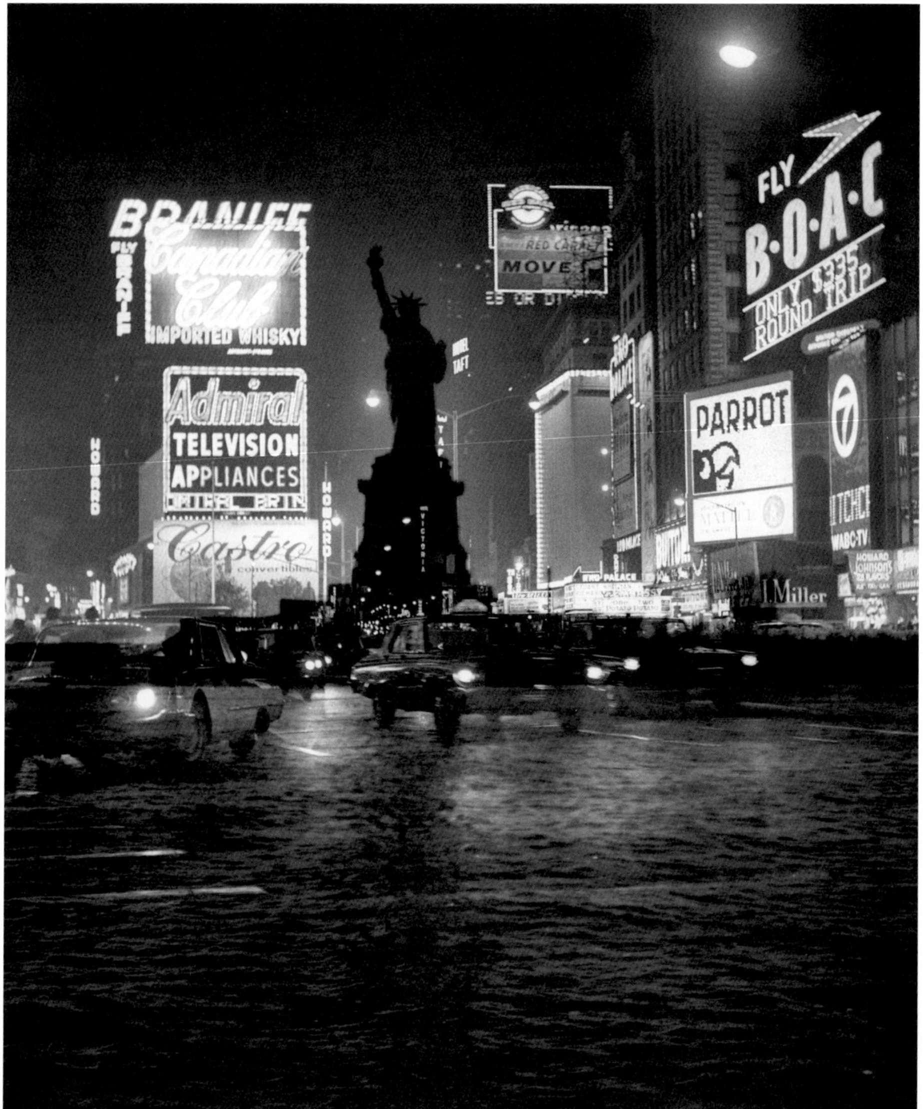

65 **Broadway** 1964

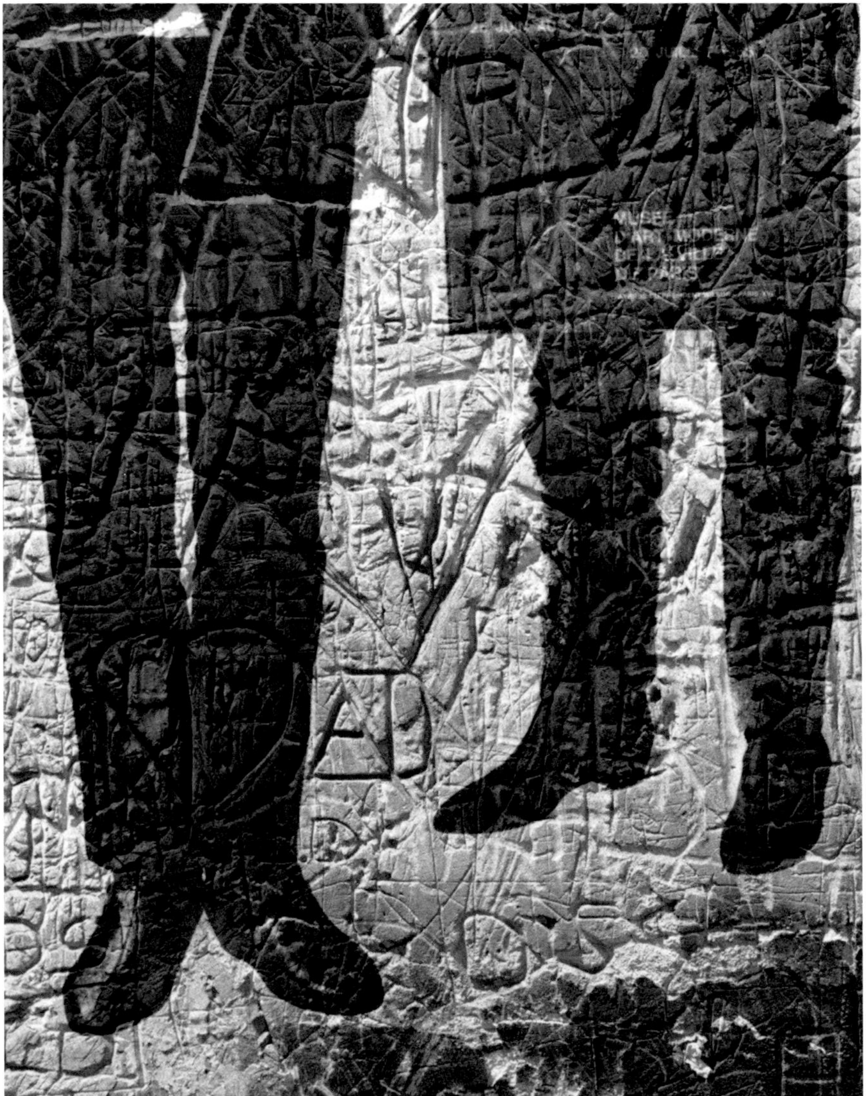

66 **Montmartre** c. 1963

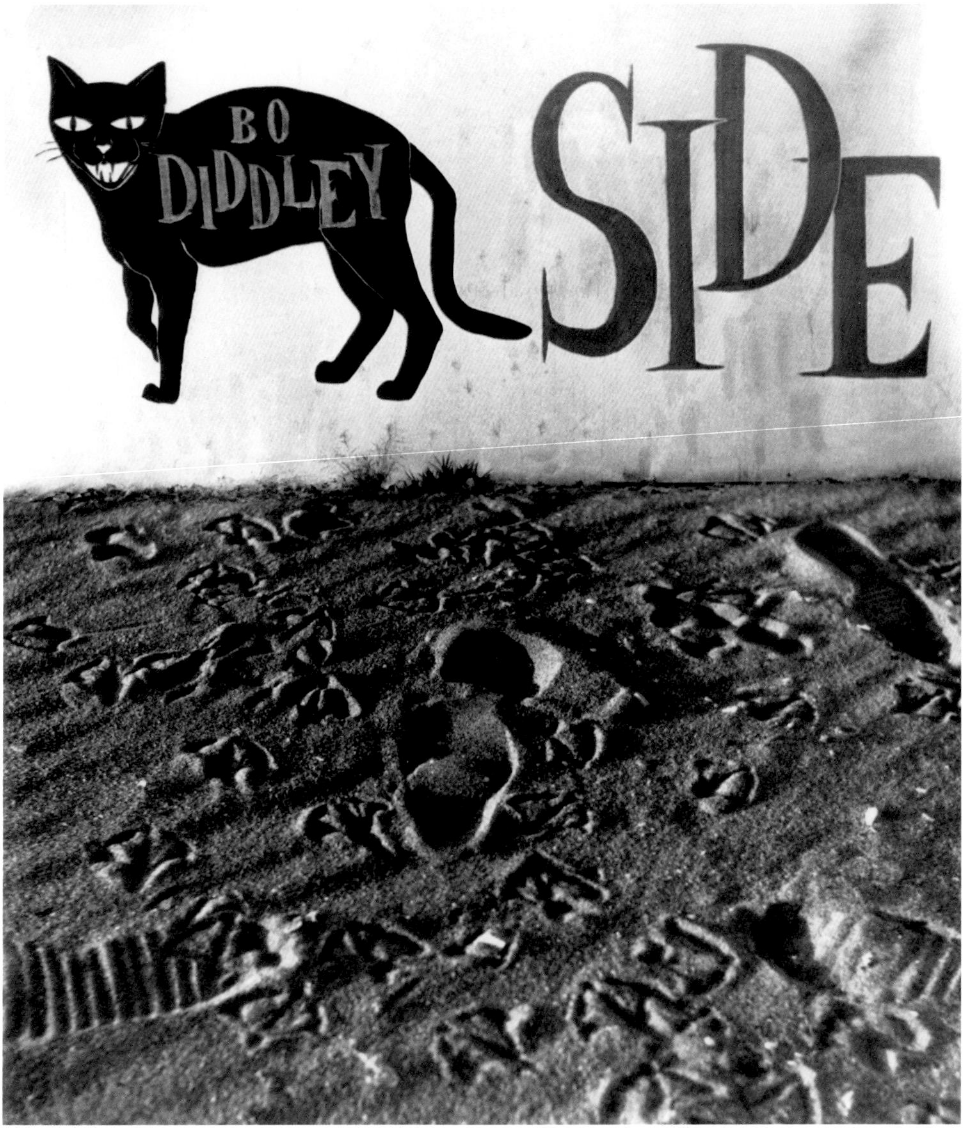

67 **Bo Diddley** 1964

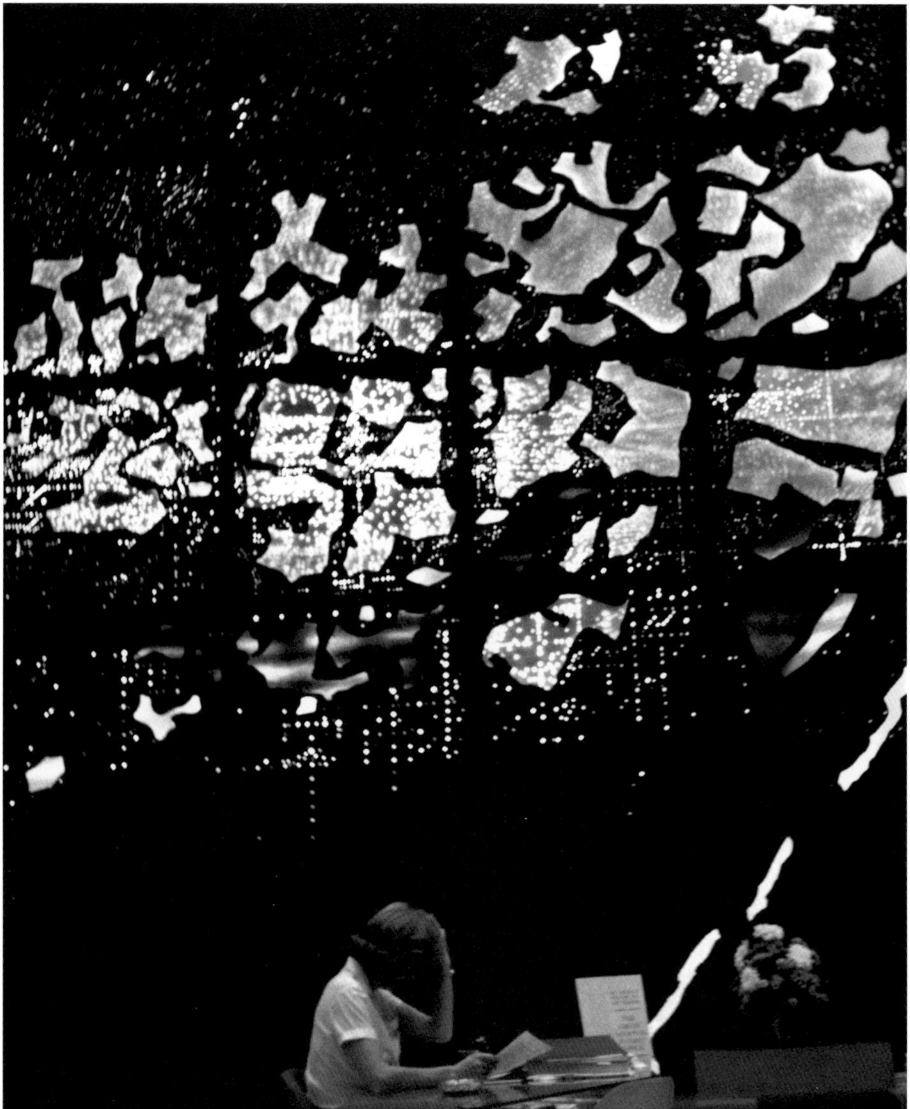

68 **USA** 1964

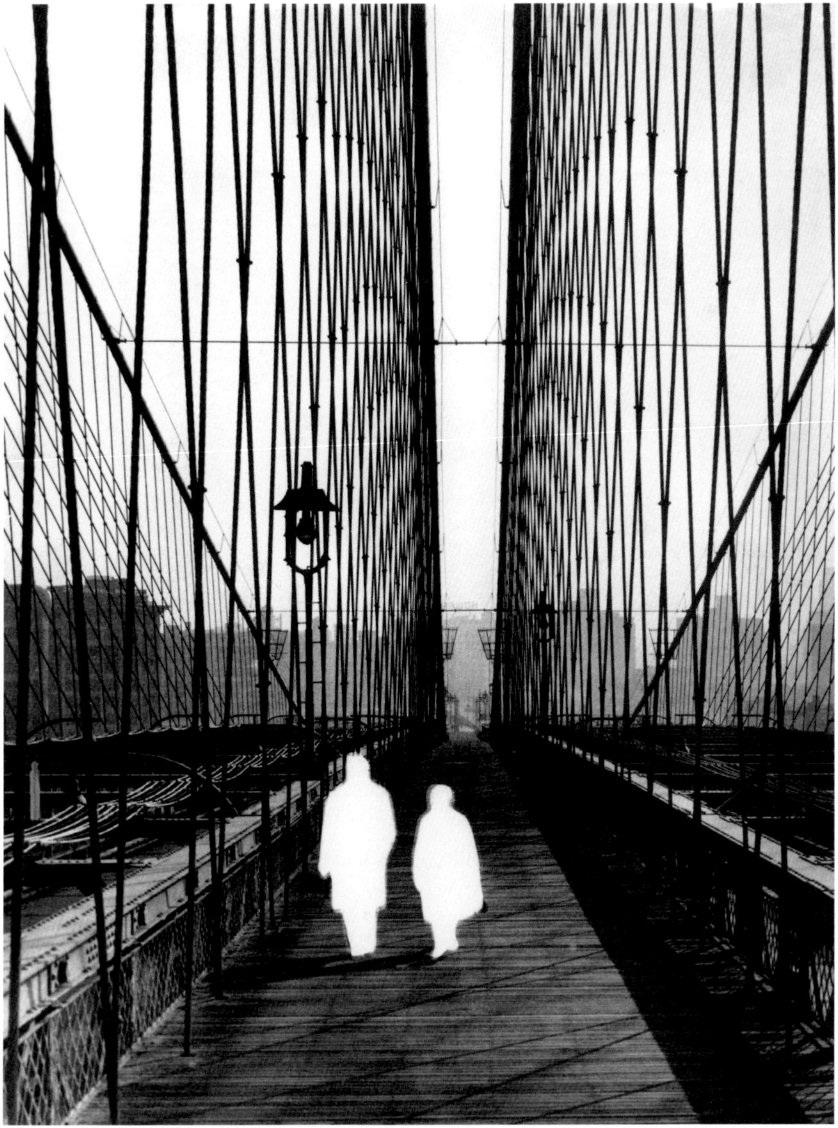

69 **Brooklyn Bridge / Brooklynský most** 1964

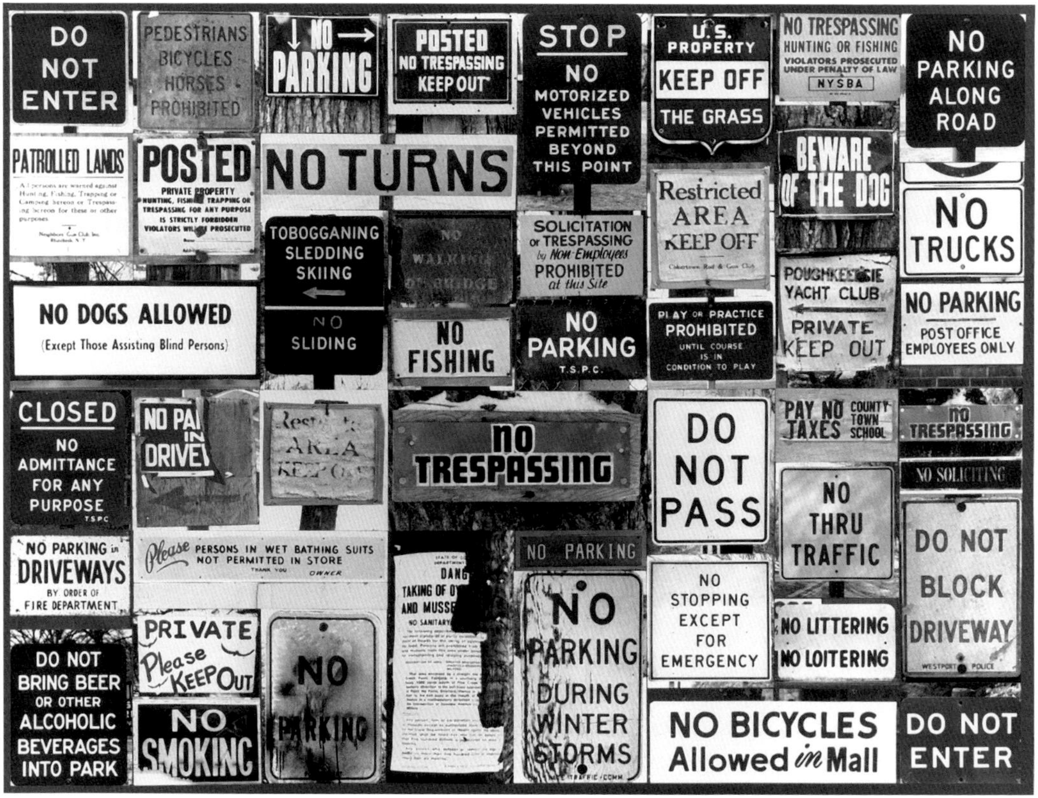
DO NOT ENTER
PEDESTRIANS BICYCLES HORSES PROHIBITED
NO PARKING
POSTED NO TRESPASSING KEEP OUT
STOP
NO MOTORIZED VEHICLES PERMITTED BEYOND THIS POINT
U.S. PROPERTY KEEP OFF THE GRASS
NO TRESPASSING HUNTING OR FISHING VIOLATORS PROSECUTED UNDER PENALTY OF LAW NYSBA
NO PARKING ALONG ROAD
PATROLLED LANDS
POSTED PRIVATE PROPERTY
NO TURNS
BEWARE OF THE DOG
Restricted AREA KEEP OFF
SOLICITATION or TRESPASSING by Non-Employees PROHIBITED at this Site
NO TRUCKS
TOBOGGANING SLEDDING SKIING
NO SLIDING
POUGHKEEPSIE YACHT CLUB PRIVATE KEEP OUT
NO DOGS ALLOWED
(Except Those Assisting Blind Persons)
NO FISHING
NO PARKING T.S.P.C.
PLAY OR PRACTICE PROHIBITED UNTIL COURSE IS IN CONDITION TO PLAY
NO PARKING POST OFFICE EMPLOYEES ONLY
CLOSED NO ADMITTANCE FOR ANY PURPOSE TSPC
no TRESPASSING
DO NOT PASS
PAY NO TAXES COUNTY TOWN SCHOOL
no TRESPASSING
NO SOLICITING
NO THRU TRAFFIC
NO PARKING in DRIVEWAYS BY ORDER OF FIRE DEPARTMENT
Please PERSONS IN WET BATHING SUITS NOT PERMITTED IN STORE THANK YOU OWNER
NO PARKING
DO NOT BLOCK DRIVEWAY
NO STOPPING EXCEPT FOR EMERGENCY
NO LITTERING
NO LOITERING
PRIVATE Please KEEP OUT
NO PARKING
NO PARKING DURING WINTER STORMS
DO NOT BRING BEER OR OTHER ALCOHOLIC BEVERAGES INTO PARK
NO SMOKING
NO BICYCLES Allowed in Mall
DO NOT ENTER

 No / Ne 1979

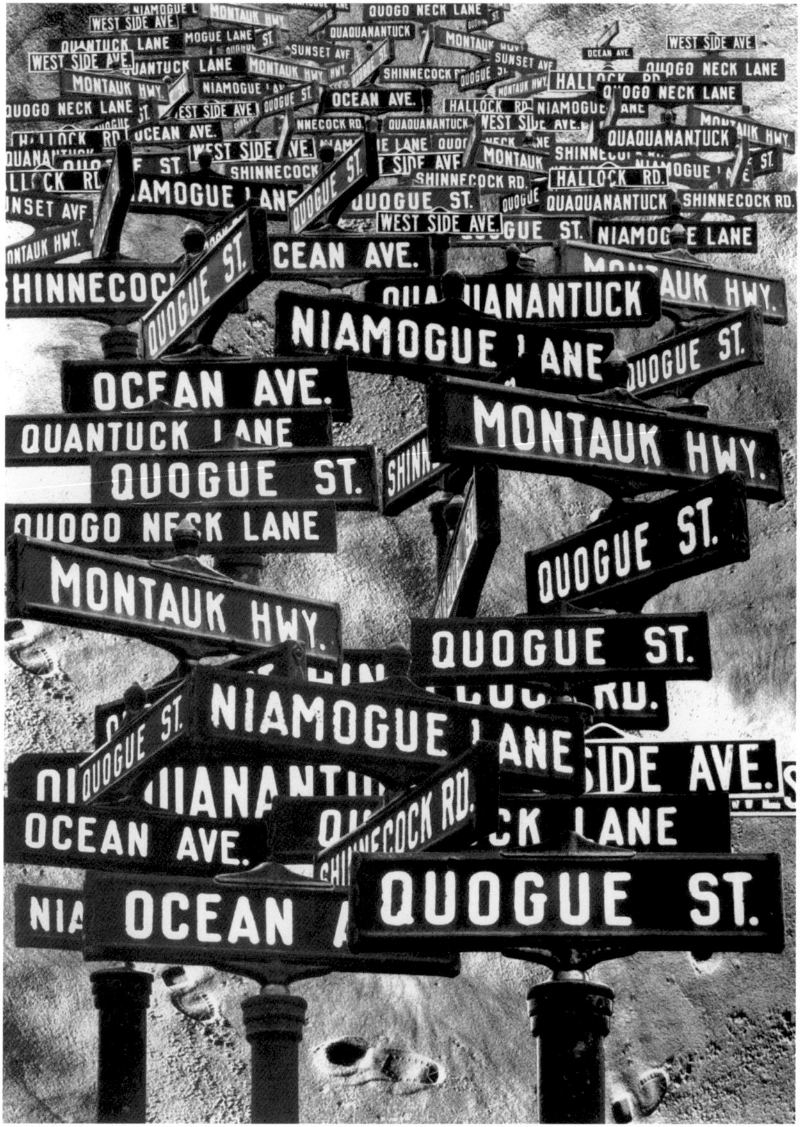

71 **A Walk in Quogue / Procházka v Quogue** 1973

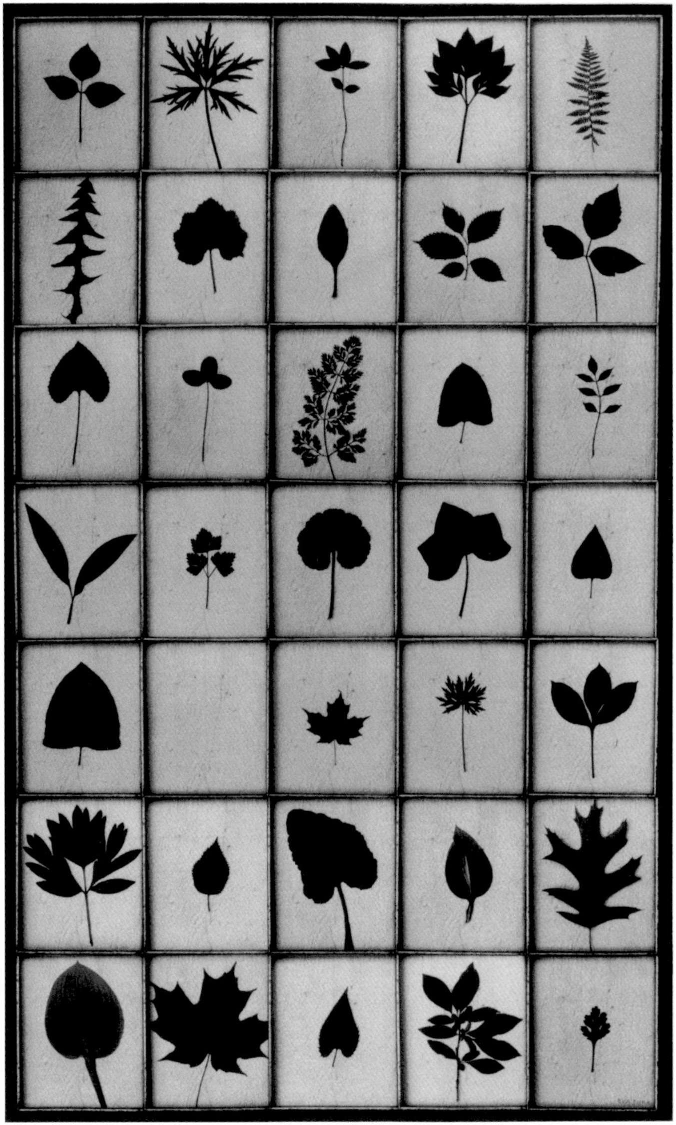

72 **Next Autumn / Příští podzim** 1973

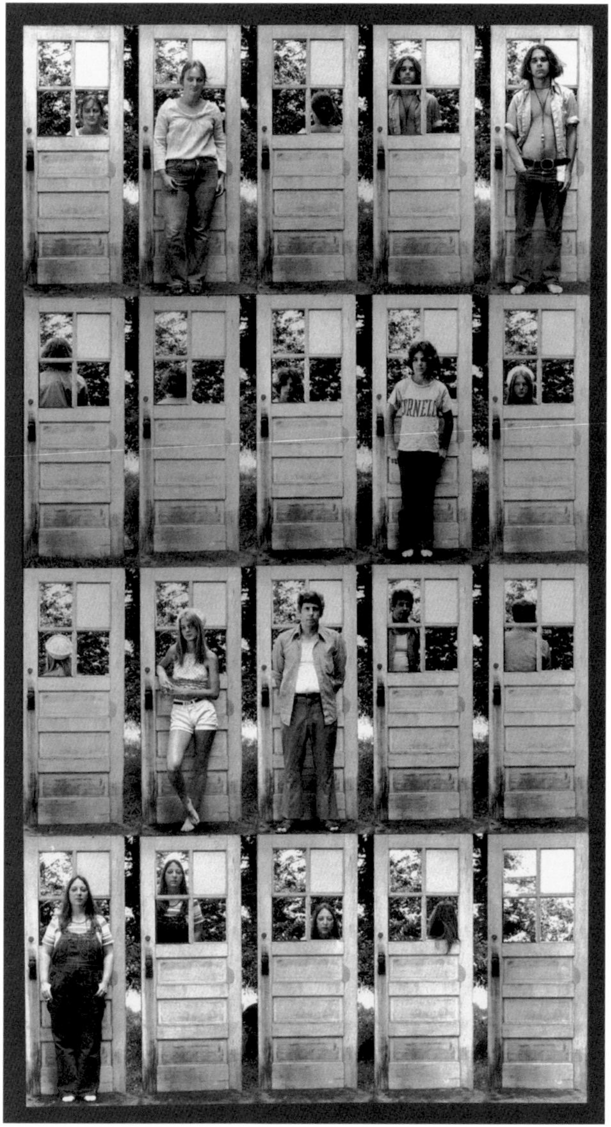

73 **A Family from Milton / Rodina z Miltonu** 1975

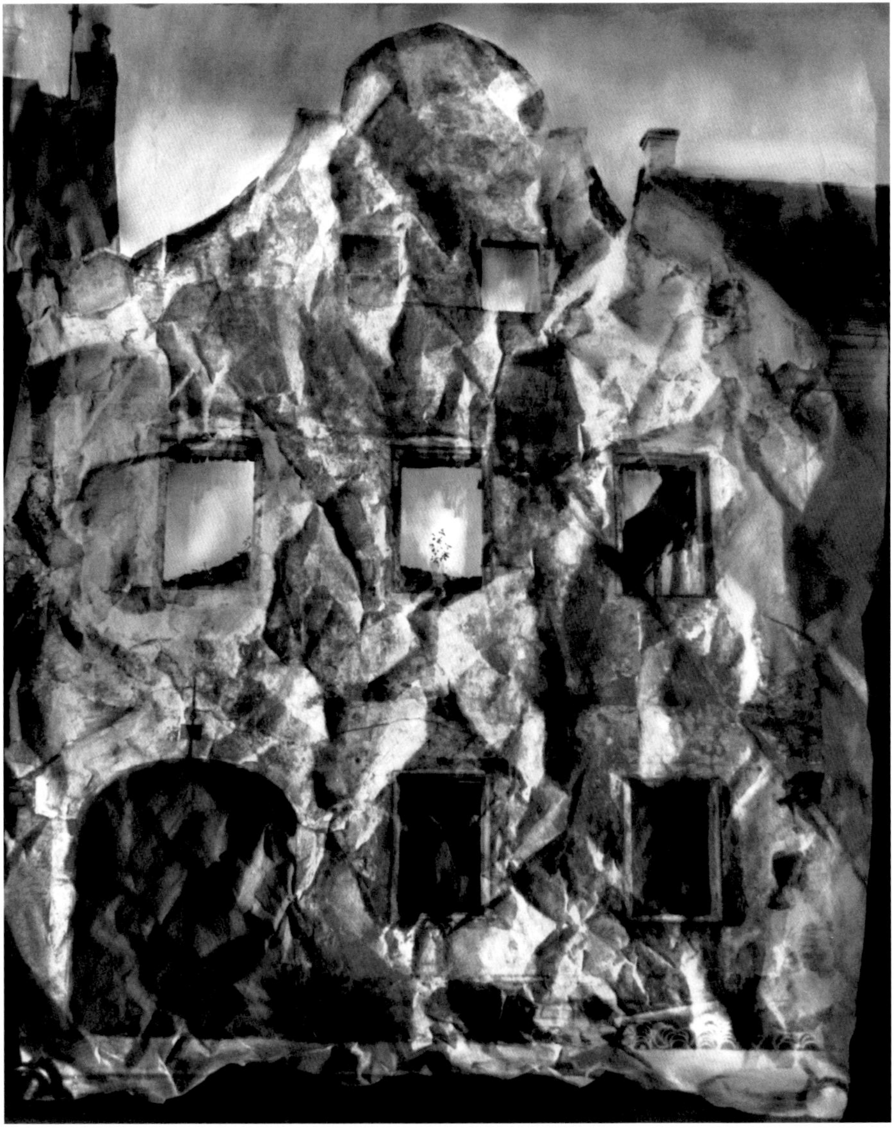

74 **Cubistic House / Kubistický dům** 1980

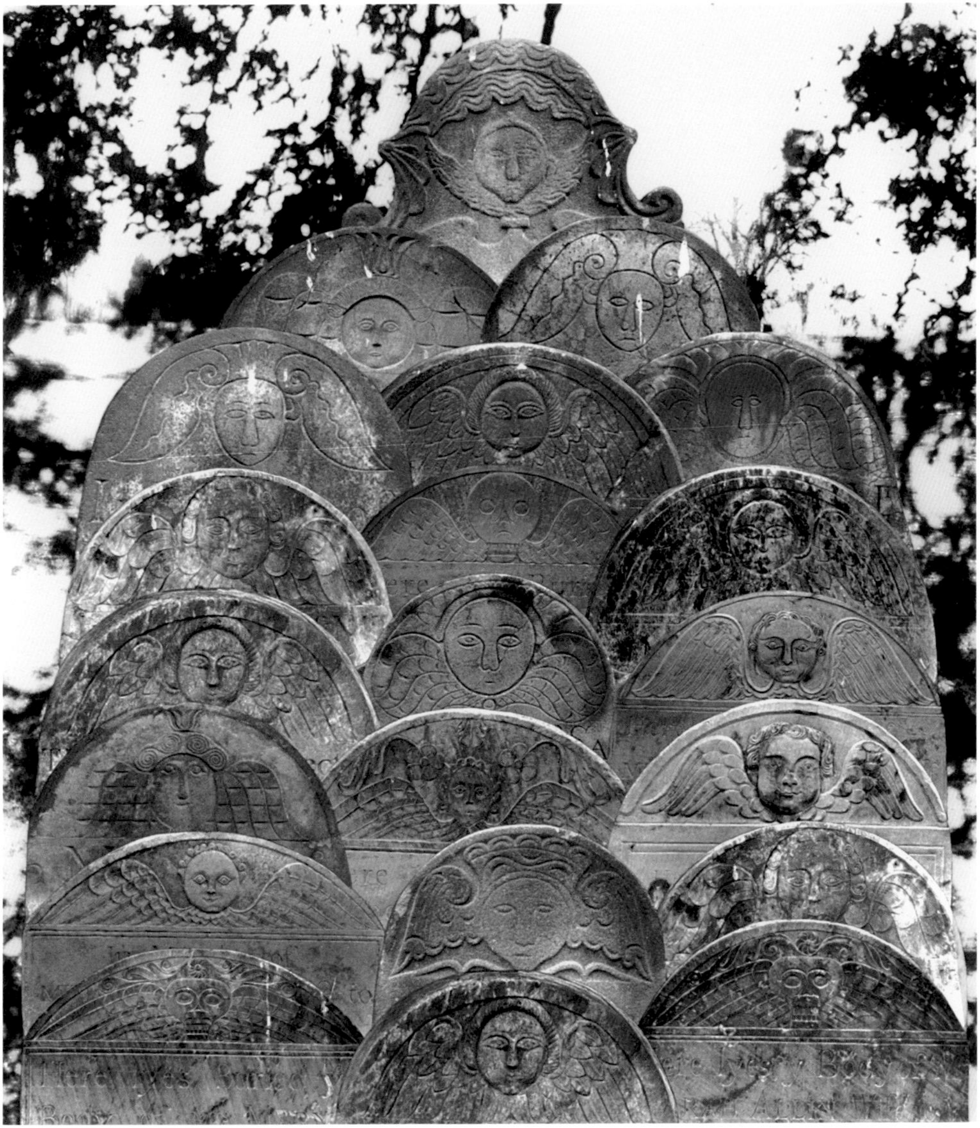

75 **Angels / Andělé** 1986

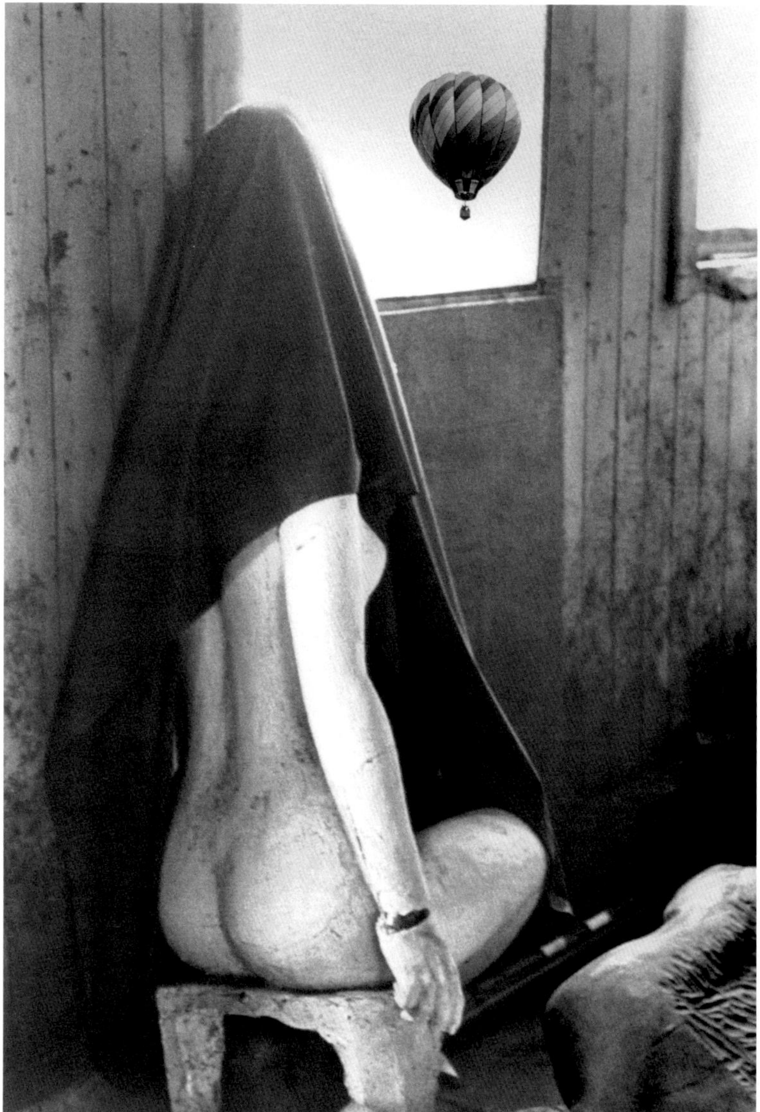

76 **A Vision / Vidina** 1988

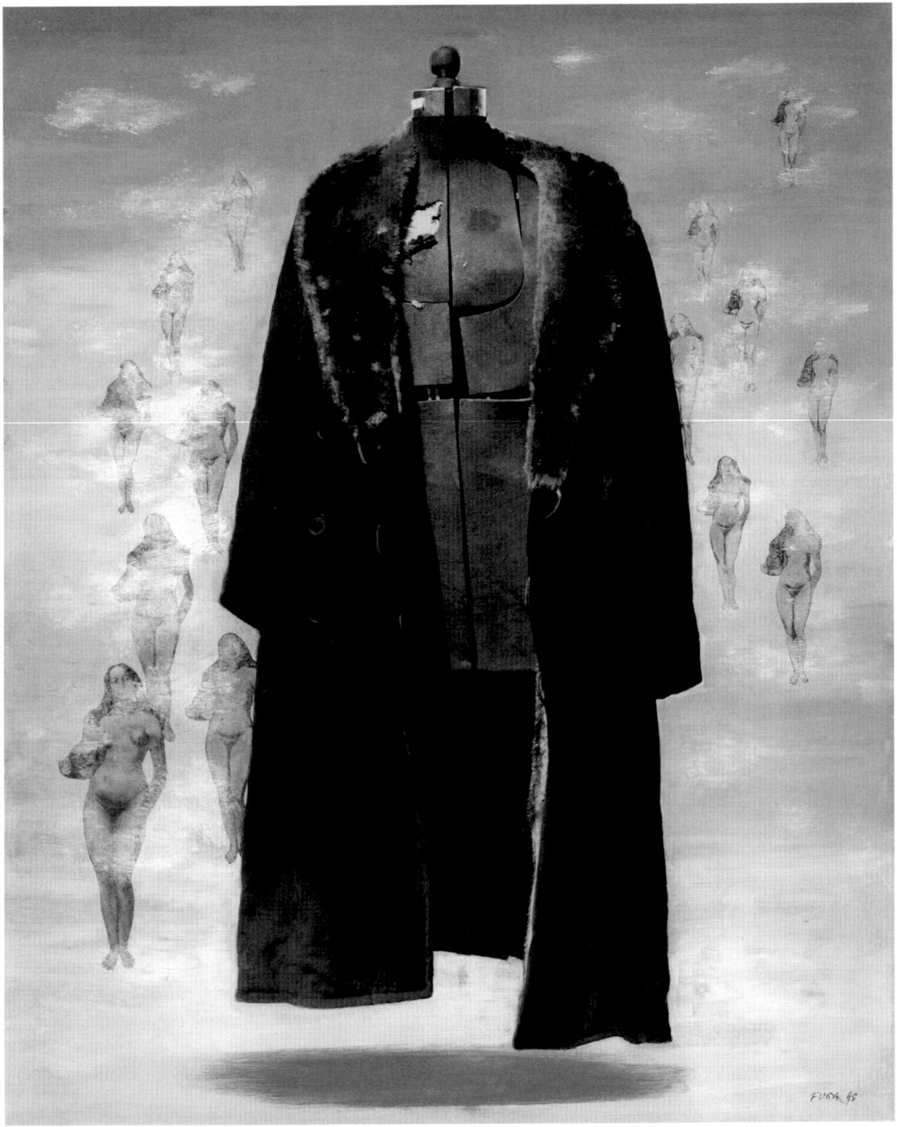

77 **An Overcoat / Svrchník** 1995

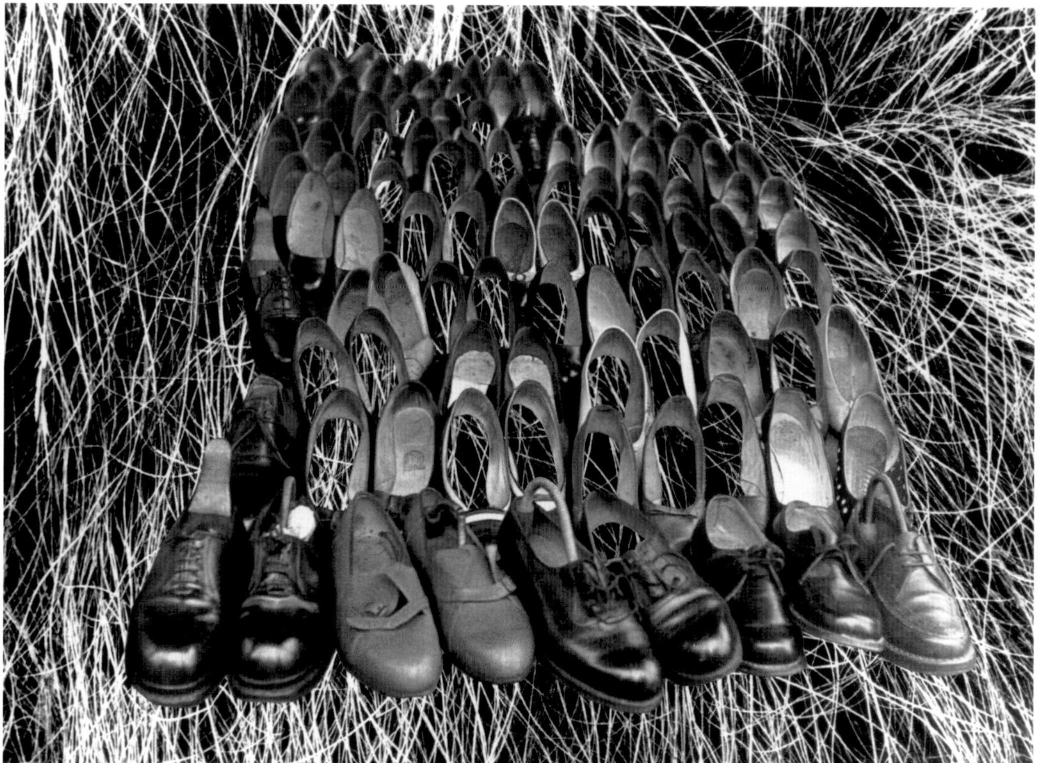

78 **Resting on the Grass / Odpočinek v trávě** 1985

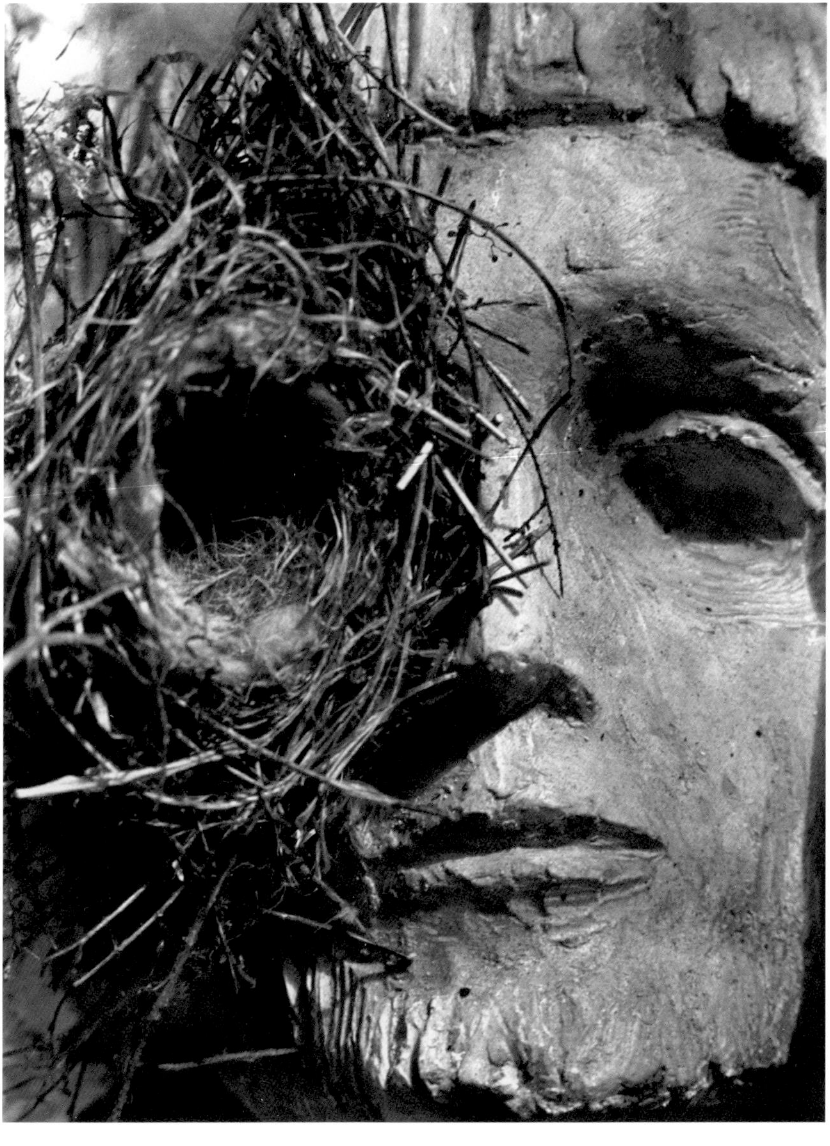

79 **An Empty Nest / Prázdné hnízdo** 1986

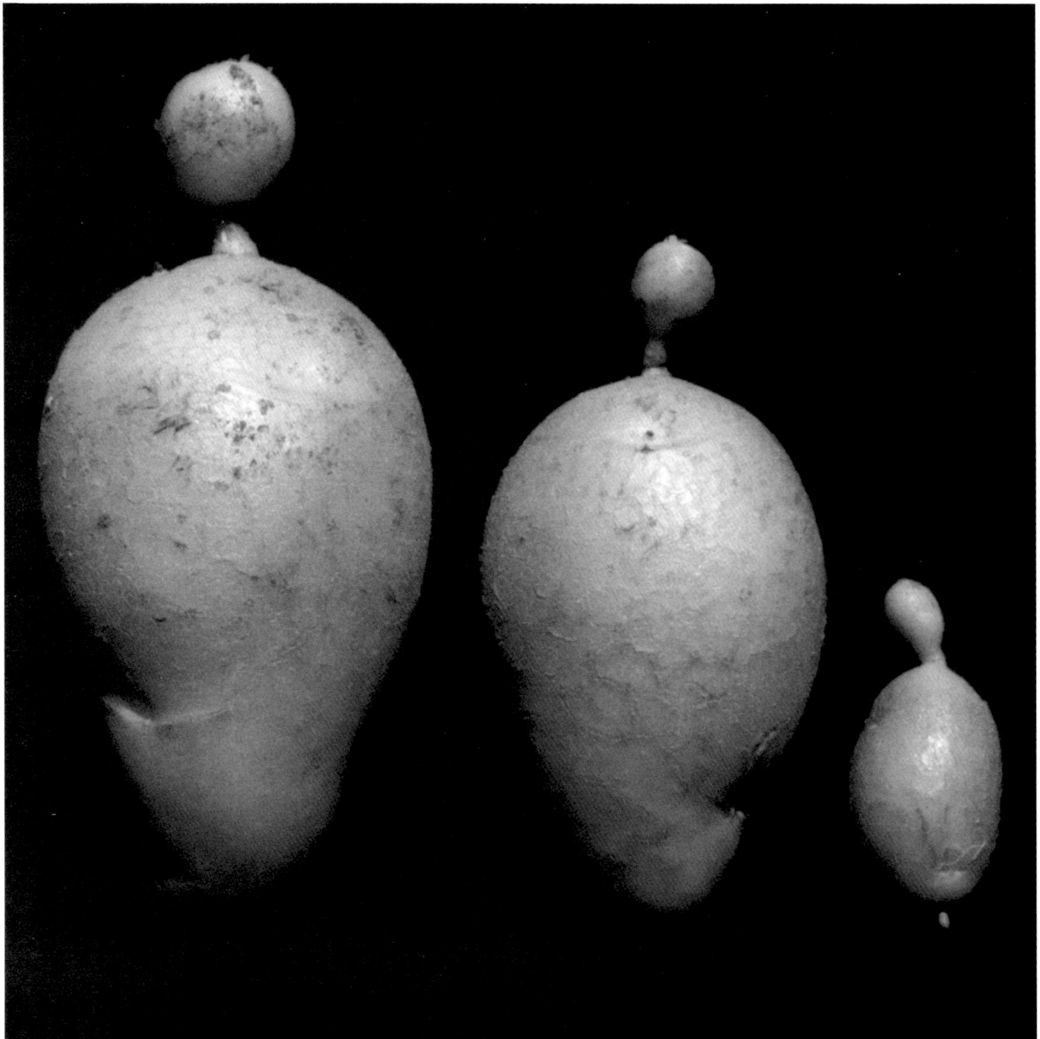

80 **The Potato Family / Bramborová rodina** 2004

Biographical Chronology

1927 Born May 5, Prague, as Eva Podešvová, the elder of the two daughters of the writer Marie Podešvová (née Jarušková, 1901–1994) and the painter František Podešva (1893–1979). Showed her artistic inclination right from childhood.

1927–33 Lived with her parents and sister on Vinohradská třida, the main street of the Prague district of Vinohrady. Podešva also had his studio there, and the apartment was a meeting place for a wide circle of people who worked together on the periodical *Salon*, of which Podešva was art director for the publisher Bohuslav Kilian. Two years later the painter Vojtìch Chytil, a schoolmate of Podešva's, who had been living in Peking for the past ten years as a teacher of Western painting, moved in with the Podešva family together with his Russian wife. An orange Oriental carpet with a white elephant in the centre dominated the hall, and it was there that Podešva trained his daughters Eva and Dagmar in boxing. They used to go to Rieger Gardens (Riegrovy sady) to play and to the Havlíček Gardens (nicknamed Grébovka) for walks: "We were often joined by my mother's parents, who lived nearby. My grandfather, Karel Jarušek, was the Administrative Director of the daily *Lidové noviny*, a leader of the Sokol gymnastics association in Brno, and a patriot. When we were a bit older, he used to take us to exhibitions and museums every Sunday."

1933 Began to go to school in Spořilov, a garden-city suburb on the western edge of Prague. Her father's "editorial board" also moved there because he refused "to go to the office." Their house was furnished in the Bauhaus style, and her father had a terrace built from a sketch he made during a visit to Cézanne's studio in Aix-en-Provence. In those days, many artists lived in this recently developed Prague district: some of her father's colleagues lived nearby; others used to walk over from the end of the tram line. Eva has strong memories of the photographer Václav Jírů, the writer Egon Hostovský, and "mainly Emanuel Siblík, a dance critic, who, if he didn't catch us at home, always left a box of sweets hanging on the door handle." Just before the First World War, Siblík organized a celebration in Rieger Gardens, called the Awakening of Hellas, in which girls danced and exercised in short, sleeveless, gauzy tunics. To photograph the event Siblík invited the renowned photographer and painter František Drtikol, who lived in Spořilov since 1935.
Eva's father, who had been taking pictures with a Leica since the early 1930s, initiated her into photography and the "alchemy of creation" in the darkroom. "My father dressed me and my sister Dagmar in trousers and had our hair cut like boys. In those days, trousers on girls were something eccentric."

1938 The Podešva family moved to a modern apartment building recently built by their grandfather in the Dejvice district of Prague. The *gymnasium* was across the street. "That was the end of the carefree pastoral of childhood."

1938–39 Her first school year was marked by the general mobilization of the Czechoslovak armed forces in May 1938, the German annexation of the borderlands after the Munich Agreement of late September 1938, the breaking away of Slovakia, and ultimately the German occupation of the rest of Bohemian and Moravia beginning March 15, 1939: "We all wept about our allies' betraying us. My parents hung a poem by Svatopluk Čech [1846–1908] on the wall: 'Believe no one in the whole wide world! We haven't a single friend out there.'"

1939 Her father gave Eva his Leica. "Its mechanism was complicated. The film cartridge had three layers, and the 35 mm film had to be rolled into it by hand. My attempts at photography when I was twelve weren't so bad. Photography interested me more and more. I even took several decent shots."

1941–42 The Podešva family moved to a log cabin in Soláň, an isolated spot in the Beskid Mountains of Moravia. Designed by Podešva, the cabin was built just before the war. Eva spent a year there. In their book *Malířův život* (A Painter's Life, 1973) her parents recall: "Our daughters walked six kilometers to school in Velké Karlovice every day, and then six back uphill." The road did not yet go there. They did their homework by candlelight at a table made in 1809, which bears many traces of their ancestors, beginning with their great-grandfather, a tailor. In winter, the cabin turned into a "castle on an iceberg."

1942–45 Trained in the Prague studio of the photographer Miro Bernat (1910–1997), and attended the School of Graphic Arts. Spent her mornings at the school, where she was taught the history of photography by Rudolf Skopec (1913–1975), and spent the afternoons gaining practical experience in a portrait studio where regular customers and young actors from the Pragfilm studios used to go. The "best" student at the school was the photographer Václav Chochola (1923–2005), who "with his innocent, Švejk-like, feigned stupidity used to have the class roaring with laughter while driving the teacher mad." The revelry alleviated the tragedy of the period somewhat, but it was gallows humor. After all, Chochola was a student in order to avoid being sent off to do forced labor for the Reich; ultimately he had to leave the school for being provocative in German lessons. "There were blackouts in Prague, and the trams glowed like blue fire-flies into the sheer darkness, where people bumped into each other like blind men and women in some surreal dream. Yellow stars appeared on people's clothes, and in desperate protest I used to ride in the back car, because Jewish people were banned from the front. Friends suddenly began to disappear from our games and classrooms."

1945 "American bombers used to fly over Prague. They were usually heading for Dresden. People grew accustomed to it, and stopped going into the bomb shelters. I used to wait on the balcony for the last siren, watching the little dots high up in the sky. Once, however, to my horror, little bowling pins began to fall from those dots. Before I realized the dreadfulness of that moment, part of Vinohrady was in rubble. The dead bodies were placed in passageways and in entrance halls of cafés or left out in the streets. The shortage of ambulances and the near total absence of gasoline made the situation even worse. I wandered the streets in a daze. I got goose bumps at the thought that I too could have been lying there. I didn't take my camera out of my bag; it didn't even occur to me. [...] I'll never forget the 9th of May, the day tanks finally appeared on the horizon to liberate Prague from the last spasm of the Germans' grip. At five o'clock in the morning we were awakened by the roar of motors. Soon the faint hope that we would be seeing American tanks vanished: "'It's all over,' said my father quietly when we were standing on the balcony, watching the giants, Russian tanks, shuffling along with fluttering red flags. It was the first time I saw dead or dying soldiers. Some Soviet officers moved in with us, and my mother, who spoke excellent Russian, made herself useful as an interpreter. In exchange for sugar and chocolates, which I hadn't seen at all during the war, I took photographs of the soldiers. They were absolutely delighted with the portraits. Some of them probably never had their portrait made before. They kept wanting to help me make prints: 'Eva, let's print!' they said to me in Russian." In early summer, Eva applied to the Academy of Fine Arts. She was accepted even though the number of applicants was enormous, because the Academy, like other post-secondary schools in the country, had been closed down by the Germans from 1939 till the liberation. She met her classmate (and future husband) Vladimír Fuka (1926–1977). She considered the Academy mainly an opportunity to explore the world of art. Her studies channeled her approach to composition and other aspects of photography.

1947 Together with Vladimir, Eva accepted an invitation for a six-month stay at the Academy of Arts in Sofia, Bulgaria, which also organized an exhibition of their works.

1950 Finished her studies, and married Vladimír Fuka. "We moved into a subdivided apartment on Letenské náměstí in Prague. For an art studio we got the most beautiful bright room with a bay window looking onto the square and also something that served as a kitchen, storage space, and children's room once our daughter Ivana was born the following year."

1951 Made the volume of collages *Snář* (Dream Book), a highly developed forerunner of the style she would later use in her photography. With the writer-translator Zdeněk Urbánek she traded her Leica for a Rolleiflex. The Fukas were part of an informal group of artists, writers, and musicians. Eva recalls: "In the spring, Jiří Kolář suddenly telephoned to say that he, Zdeněk Urbánek, and Kamil Lhoták were coming over. His voice was unusually pleasant, so I was looking forward to the visit. We became friends. Later we were joined by Josef Schwarz (known as Josef Červinka when he used to broadcast from London on the Czech service of the BBC), the musician Jan Rychlík, and the poet Jan Hanč. The writer Bohumil Hrabal used to come only now and then. He preferred taverns. The poet, essayist, translator, and critic Emanuel Frynta (1923–1975), a rare and sensitive man, also used to take part in the gatherings. He remained our best friend."

1952 Vladimír Fuka was drawing and keeping a diary (some of which is published in *Revolver Revue*, 1995, no. 29). Called *Deník 1952* (Diary, 1952), it is evidence of the feeling of having no way out in the years just after the Iron Curtain was in place, and is also part of his life-long series on the labyrinth theme. The diary opens with New Year's greetings, a card illustrated with a highway and an express train heading for Paris. It closes on New Year's Eve of the same year with a drawing of the previous New Year's greeting: the wish remains but a wish.

1953 Eva Fuka, in her typescript memoirs "Útržky života" (Fragments of Life, 1996), later recalled the period when Kolář was in prison: "Once, after being interrogated, Jan Hanč came straight over to our place. He was so shaken that he started to throw up. Fortunately, Stalin's death [March 5, 1953] got in the way of the trial. I remember it well. I was pushing the baby carriage below the windows and, from above, Vladimír told me the news that Stalin was dying. Dirges were coming out of the speakers on the lampposts but our hearts were filled with joy."

1955 Eva Fuka began to work as a photographer for Propagační tvorba, a state-owned advertising agency..

1957 Became a member of both the Union of Czechoslovak Fine Artists and the Umělecká beseda (Art Society).

1958 Took part in her first exhibitions of photography.

1960 A new edition of Karel Čapek's *Život a dílo skladatele Foltýna* (The Life and Works of Foltýn the Composer; published in English as *The Cheat*) was published by Československý spisovatel, with a cover by Vladimír Fuka and photograms by Eva Fuka. The Fukas' collaborative effort was received with enthusiasm, and they soon continued work on other projects

1961 Eva Fuka's first solo exhibition. It was held at Galerie Fronta, Prague, and opened with a talk by Kolář, who was considered a non-establishment authority on much of the art scene. The first volume of the Klub přátel poezie (Poetry Lovers Club) series was published: *Jasná noc mě vzhůru vábí* (The Clear Night Lures Me Upwards), an anthology of verse by the nineteenth-century poet Karel Hynek Mácha, with graphic design by Vladimír Fuka and eight art photographs stylized after Mácha's own drawings of castles by Eva Fuka. Moved to an apartment in Wintrova ulice, in the Bubeneč district of Prague, with windows facing the American Ambassador's residence, where the American flag flew and a Christmas tree, the only one in the whole city, glowed at Christmas time.

1962 Provided photographs to decorate the offices of Czechoslovak Airlines in Stockholm.

1963 Became the first woman to be the subject of a monograph in the Umělecká fotografie (Art Photography) series, vol 20..

1964 The Naše vojsko (Our Army) publishing house published Jan Weiss's novel *Dům o tisíci patrech* (The House of a Thousand Floors) with photographs by Eva Fuka. Visited the USA, especially New York City: her first opportunity to experience the New World..

1966 Her second visit to the USA. Mladá fronta published *New York*, an album of photographs by Eva Fuka, Miloň Novotný, Marie Šechtlová, and Jan Lukas (who was not given credit as a contributor, because he defected from Czechoslovakia).

1967 Eva Fuka described the circumstances of emigrating to the organizers of the exhibition *Czechoslovak Photography in Exile, 1939–89* in July 1991: "There were many reasons for leaving. The oppressive atmosphere in the arts and in life generally. We even had our own secret policeman, codenamed Nesvadba. He used to bring his slippers with him whenever he unexpectedly dropped in, or he would telephone and ask whether we were listening to Dvořák's *From the New World* symphony on the radio and thinking of the United States."

1968 Worked for the Berkey-Kodak laboratory, New York City.

1970 The Fukas' daughter, Ivana, went to Paris to study at the École nationale supérieure des arts décoratifs.

1971–73 Worked as a photographer for the Metropolitan Museum of Art, New York.

1973 Eva and Vladimír Fuka were granted American citizenship. The Fukas moved to Germany for three years where Vladimír worked mainly for Ravensburger Verlag, creating children's games, illustrated books, and cover designs. Eva devoted herself to large-format collages of her own photographs, which she called "multiplages."

1976 The Fukas returned to the USA, and settled in Rhinebeck, New York, a town on the Hudson River.

1977 March 29, Vladimír Fuka died of the consequences of severe diabetes following a difficult operation. Eva Fuka moved to Fairfield, Connecticut, a town on the Atlantic coast, and began to work on photo-illustrations mainly for Macmillan Publishing, Inc.

1978 Became a member of the Silvermine Guild Arts Center, Connecticut.

1979 Met Edward Steichen and Inge Morath.
After twenty years as an émigré, she paid her first visit to Czechoslovakia.

1983 Married David H. Engle.
Became a member of Art/Place, Southport, Connecticut.

1985 Became a member of the Stamford Art Association, Connecticut.

1987 Designed the cover for Jan Křesadlo's *Vara Guru* for Sixty-Eight Publishers, the main Czech émigré Czech publishing house, run by Zdena Salivarová and Josef Škvorecký.

1989 In mid-November, happened to be in Czechoslovakia just as the anti-regime demonstrations began. Filmed them and the establishment of the Civic Forum democratic opposition. The documentary film she then made of the footage was shown in the United States by PBS (the Public Broadcasting System), a non-commercial television company.
With Emila Medková (1928–1985) and Magdaléna Robinsonová (b. 1924), contributed photographs to a collection of short stories by Czech women writers (including her own mother) called *Křehké jistoty* (Fragile Certainties).

1996 Wrote "Útržky života." With the art historian Zdenek Primus, she organized a traveling retrospective called *The Faces of Time*, and also helped to organize a retrospective of the work of Vladimír Fuka, called *Journey into the Labyrinth*.
For that occasion, their daughter Ivana created a catalog for each of the exhibitions. *The Faces of Time* won a prize for the best photography book of 1996.

1997 Her second husband David H. Engle died.

2002 Moved back to Prague after 35 years abroad.
Divides her time between Prague, Paris, the Alps of Savoy, and the United States.
Her daughter Ivana lives in Paris and runs her own successful graphic design agency. Her grandson Boris manages a French business development agency in the Silicon Valley, California.

Životopisná data

1927 Narozena 5. května v Praze jako Eva Podešvová, starší z obou dcer spisovatelky Marie Podešvové (1901–1994), za svobodna Jaruškové, a malíře Františka Podešvy (1893–1979). Její výtvarný talent se projevuje od dětství.

1927–33 Vyrůstá na pražských Vinohradech. Byt s otcovým ateliérem, situovaný v mansardě nad hlavní třídou, je místem dostaveníček širokého okruhu spolupracovníků společenské revue *Salon*, již František Podešva výtvarně vede pro nakladatele Bohuslava Kiliana. Podešvovi po dva roky hostí bývalého spolužáka hlavy rodiny Vojtěcha Chytila s jeho ruskou chotí, působícího předchozích deset let v Pekingu jakožto profesor západního malířství. Orientální oranžový koberec s bílým slonem uprostřed určuje ráz haly, v níž otec cvičí v boxu dcery Evu a Dagmaru. Hrát si chodívají do Riegrových sadů, na procházky k vile Grébovka: *„Často se k nám připojili mámini rodiče, kteří bydleli nedaleko. Děda Karel Jarušek byl administrativním ředitelem* Lidových novin, *velký Sokol a národovec. Když jsme trochu povyrostly, vodíval nás každou neděli na výstavy a do muzeí, vždy mě z toho bolívala ramena únavou.“*

1933 Školní léta začínají v zahradním městě Spořilov na okraji Prahy, kam se stěhuje i otcova *„redakce“*, neboť odmítá docházet *„do kanceláře“*. Na domě, zařízeném ve stylu Bauhausu, přistaví terasu, jejíž náčrt si přivezl z návštěvy Cézannova ateliéru v Aix-en-Provence. Tehdy mladý Spořilov nepostrádal početnou vrstvu umělců: někteří kolegové a spolupracovníci *Salonu* jsou přímo sousedy, ostatní přicházejí od konečné tramvaje. Na Evu zapůsobí fotograf Václav Jírů, spisovatel Egon Hostovský *„a hlavně pan doktor Emanuel Siblík, taneční kritik, který, když nás nezastihl doma, vždy pověsil na kliku balíček dobrot z cukrárny“*. Je to muž, jenž v předvečer první světové války organizoval v Riegrových sadech probuzení Helady, cvičení dívek v krátkém vzdušném starořeckém rouchu bez rukávů. Jako fotografa tenkrát k dokumentaci pozval Františka Drtikola, jenž patří mezi spořilovské sousedy od roku 1935 – už jako malíř. Do fotografování a *„alchymie tvoření“* v tajemné temné komoře zasvěcuje Evu otec, fotografující od začátku 30. let Leicou. *„Táta zřejmě postrádal syna, tak mě i sestru Dagmar oblékal do kalhot a nosily jsme chlapecké účesy. Záviděly jsme ostatním děvčatům jejich kraječky a dlouhé vlásky. Kalhoty pro dívky byla tenkrát výstřednost.“*

1938 Podešvovi se stěhují přes celou Prahu do Dejvic, *„do moderního činžáku, který děda právě postavil. Gymnázium bylo naproti. Skončilo bezstarostné dětské pastorále.“*

1938–39 První ročník gymnázia poznamená všeobecná mobilizace, zábor pohraničí po mnichovském diktátu, rozpad Československa a nakonec německá okupace Čech a Moravy: *„Všichni jsme plakali nad zradou spojenců. Rodiče pověsili na zeď báseň Svatopluka Čecha: ‚Nevěřte nikomu na světě širém, nemáme jednoho přítele tam…‘ Velice přesně se pamatuji, jak od letiště přijížděla v blátě a sněhu šedozelená monstra.“*

1939 Otec předává Evě kinofilmovou Leicu. *„Mechaniku měla složitou. Kazety byly tříplášťové a film se do nich musel natáčet ručně. Fotografické pokusy mých dvanácti let nebyly tak špatné. Fotografie mě zajímala víc a víc, vytvořila jsem několik obstojných snímků.“*

1941–42 Rodina se stěhuje do Beskyd, do srubu postaveného před válkou na horské samotě podle otcova návrhu. Eva stráví na Soláni jeden rok. V knize *Malířův život* rodiče vzpomínají:

„Dcerky chodily do karlovské školy denně šest kilometrů tam a šest zpátky, s výškovým rozdílem přes dvě stě metrů.“ Silnice do Velkých Karlovic ještě nevedla. Učívaly se při svíčkách a úkoly psaly na stole z roku 1809, v němž zůstávají otištěni mnoha stopami jejich předci, počínajíce pradědečkovým krejčovstvím. V zimě se chalupa měnila v *„zámek na ledové hoře“*.

1942–45 Učí se v pražském ateliéru Miro Bernata a navštěvuje Grafickou školu. Dny dělí mezi dopolední studium, kde profesor Rudolf Skopec zasvěcuje žáky do historie fotografie, a praxi portrétního ateliéru, kam přicházejí běžní zákazníci i herecký dorost z filmových studií Pragfilm. Mezi středoškoláky vyniká o čtyři roky starší fotograf Václav Chochola, jenž *„svou nevinnou, švejkovsky předstíranou pitomostí vyvolával salvy smíchu a uváděl učitele do nepříčetnosti“*. Hlučné veselí zlehčuje tragiku doby, ale humor je to šibeniční. Vždyť Chochola se coby student vyhýbá totálnímu pracovnímu nasazení; nakonec musí školu opustit kvůli provokacím v hodinách německého jazyka. *„Praha byla zatemněna, tramvaje svítily jako modré světlušky do čiročiré tmy, kde do sebe lidé naráželi jako slepci v nějakém surrealistickém snu. Na šatech se objevily žluté hvězdy a já v zoufalém protestu jezdívala v zadních vozech, protože židé neměli do předních vozů tramvají přístup. Kamarádi začali najednou mizet z našich her a ze školních lavic.“*

1945 *„Nad Prahou přelétávaly americké bombardéry. Jejich cílem byly většinou Drážďany. Lidé si zvykli a přestali chodit do krytů. Já jsem čekávala na konečnou sirénu na balkoně a pozorovala malé tečky vysoko na nebi. Jednou však k mému úžasu začaly z těch teček padat malé kuželky. Než jsem si uvědomila hrůzu okamžiku, část Vinohrad byla v sutinách. Mrtvá těla byla naskládána v průchodech, halách kaváren i na ulicích. Málo ambulantních vozů a absolutní nedostatek benzínu velice ztěžovaly situaci. Nechápavě jsem bloudila ulicemi. Mrazilo mě při pomyšlení, že jsem tu mohla ležet i já. Fotoaparát jsem nevyňala z tašky. Vůbec mě nenapadlo, že bych ho snad mohla použít… Nikdy nezapomenu na 9. květen, den, kdy se konečně objevily na obzoru tanky, aby osvobodily Prahu od poslední křeče německého sevření. V pět hodin ráno nás vzbudilo hučení motorů. Brzo zmizela slabá naděje, že uvidíme tanky americké: ‚To znamená konec,‘ pronesl tiše můj táta, když jsme stáli na balkoně a pozorovali šinutí obrů s třepotajícími se rudými vlajkami. Poprvé jsem viděla mrtvé a umírající vojáky. Sovětští důstojníci se nastěhovali do našeho domu a máma se stala s její výbornou ruštinou platnou tlumočnicí. Já jsem za pytlíčky cukru a čokolády, kterou jsem neviděla po celou válku, vojáky fotografovala. Byli portréty nesmírně nadšeni, někteří snad v životě svou podobenku ani neměli. Chtěli mi stále pomáhat zvětšovat: ‚Jevočka, dávaj pečatať…‘“* V časném létě se hlásí na Akademii výtvarných umění. Uspěje přesto, že je po několikaletém uzavření vysokých škol k přijímacím zkouškám mimořádný nával. Za společných studií se sbližuje s budoucím manželem Vladimírem Fukou (1926–1977). Je zasvěcována do metody cézannovské malby, která ji však mimo rámec školy nebude podněcovat. Akademii považuje především za příležitost k poznávání umění. Studium usměrňuje její vztah k fotografování, kompoziční vizi a dalším postupům ztvárňování záběrů.

1947 Na výtvarné akademii v Bulharsku absolvuje s Vladimírem Fukou půlroční studijní pobyt, v Sofii mají samostatnou výstavu.

1950 Završuje studia a vdává se. *„Nastěhovali jsme se do rozděleného bytu na Letenském náměstí. Jako ateliér jsme dostali nejhezčí velký světlý pokoj s arkýřem na náměstí a ještě něco, co sloužilo za kuchyň, skladiště a dětský pokoj, když se nám za rok narodila dcera Ivana.“*

1951 Vzniká kolážovaný *Snář*, zralé předznamenání poetiky, kterou sleduje také fotografováním. Od spisovatele a překladatele Zdeňka Urbánka získává Rolleiflex výměnou za Leicu. Spolu s manželem náleží k neformálnímu sdružení intelektuálů: *„Na jaře se najednou ozval telefonem Jiří Kolář, že nás přijdou se Zdeňkem Urbánkem a Kamilem Lhotákem navštívit. Měl neobvykle příjemný hlas a tak jsem se na návštěvu těšila. Spřátelili jsme se. Později se přidal Josef Schwarz, bývalý Josef Červinka z válečného londýnského vysílání, muzikant Jan Rychlík a básník Jan Hanč. Spisovatel Bohumil Hrabal přicházíval jen sem tam, raději vysedával v hospodách. Našich sedánek se také zúčastňoval Emanuel Frynta, vzácný a citlivý člověk, který zůstal naším nejlepším přítelem.“*

1952 Vladimír Fuka kreslí a píše deník, částečně publikovaný roku 1995 v *Revolver Revue* (číslo 29). Je svědectvím o pocitech bezvýchodnosti, příspěvkem do celoživotního autorova seriálu na motivy labyrintu. V éře neprostupnosti železné opony otevírá *Deník 1952* novoroční přání, na němž je vidět autostrádu a rychlík uhánějící k Paříži. Tato kresba deník na Silvestra téhož roku uzavírá: přání zůstalo přáním.

1953 Období věznění Jiřího Koláře popisuje Eva Fuková v *Útržcích života* slovy: *„Jednou po výslechu přišel Jan Hanč přímo k nám, měl tak vybičované nervy, že se pozvracel. Naštěstí jim proces překazila Stalinova smrt. Pamatuji se na to dobře, chodila jsem s kočárkem pod okny a Vladimír mi seshora oznamoval novinky o Stalinově umírání. V ulicích hrály tlampače smuteční hudbu a naše srdce plesala.“*

1955 Začíná působit v oboru výstavnictví (v podniku Propagační tvorba).

1957 Stává se členkou Svazu československých výtvarných umělců a Umělecké besedy.

1958 Účastní se prvních výstav fotografie.

1960 Nakladatelství Československý spisovatel vydává v Edici ilustrovaných novel *Život a dílo skladatele Foltýna* od Karla Čapka; Vladimír Fuka navrhl obálku a předsádky, jako výtvarný doprovod textu jsou otištěny fotogramy Evy Fukové. Manželská spolupráce je ceněna a záhy pokračuje.

1961 Poprvé samostatně vystavuje v pražské Galerii Fronta, při vernisáži hovoří básník a výtvarník Jiří Kolář, neformální autorita význačné části umělecké scény. Jako první svazek Klubu přátel poezie je ve Fukově výtvarné koncepci publikován výbor z veršů Karla Hynka Máchy *Jasná noc mě vzhůru vábí…* Eva Fuková dodává osm výtvarně stylizovaných fotografií podle rovněž reprodukovaných Máchových kreseb hradů. Stěhování do Wintrovy ulice v Bubenči s okny na americkou rezidenci, kde vlála americká vlajka a o Vánocích na terase zářil vánoční strom.

1962 Fotograficky dotváří interiér kanceláře Československých aerolinií ve Stockholmu.

1963 Jako první žena publikuje monografii v knižnici Umělecká fotografie, která vychází pátým rokem; jde o 20. svazek edice.

1964 Nakladatelství Naše vojsko vydává prózu *Dům o tisíci patrech* Jana Weisse s fotografiemi Evy Fukové. Návštěvuje Spojené státy, zejména New York: první ohledání Nového světa, jenž se stane dějištěm části autorčina života.

1966 Druhá cesta do Spojených států. Mladá fronta vydává fotografické album *New York* Evy Fukové, Miloně Novotného, Marie Šechtlové a Jana Lukase, jenž není mezi autory uveden, neboť odešel do amerického exilu.

1967 Okolnosti emigrace popíše Eva Fuková pořadatelům výstavy *Československá fotografie v exilu 1939–1989* v červenci 1991 slovy: *„Důvodů k odchodu bylo mnoho. Dusná atmosféra kulturní a životní, měli jsme dokonce privátního agenta s krycím jménem Nesvadba. Ten si s sebou nosil i bačkory, když nás nečekaně přicházíval navštívit. Nebo nám zavolal, jestli posloucháme v rádiu Novosvětskou a myslíme na USA.“*

1968 Pracuje pro laboratoř Kodak-Berkey, NYC.

1970 Dcera Ivana odchází studovat na École nationale supérieure des arts décoratifs do Paříže.

1971–73 Stává se fotografkou Metropolitan Museum of Art v New Yorku.

1973 Fukovi získávají americké občanství. Stěhují se na tři roky do Německa. Fuková spolupracuje se stuttgartskými nakladatelstvími na obálkách her pro děti a začíná se věnovat velkorozměrným kolážím vlastních fotografií, takzvaným multiplážím. Vladimír Fuka trpí nevyléčitelnou cukrovkou a doufá, že mu klima Bodamského jezera pomůže zlepšit zdravotní stav.

1976 Vrací se s chotěm do Spojených států, usazují se v městečku na řece Hudson – Rhinebeck, N. Y.

1977 Vladimír Fuka umírá 29. března po těžké operaci na následky cukrovky. Eva Fuková se stěhuje do Fairfieldu na pobřeží Atlantiku ve státě Connecticut a začíná pracovat na knižních ilustracích. *„Po všech tragických událostech jsem toužila po klidu, zahradě a vzduchu.“*

1978 Stává se členkou spolku Silvermine Galleries, Connecticut.

1979 Setkává se s Edwardem Steichenem a Inge Morath. Po dvanácti letech exilu poprvé cestuje do Čech.

1980 Pracuje pro newyorská nakladatelství, zvláště Macmillan Publishing Co.

1983 Vdává se za Davida H. Engla. Stává se členkou Art/Place v Southport, Connecticut.

1985 Stává se členkou Stamford Art Association, Connecticut.

1987 Vytváří obálku pro knihu Jana Křesadla *Vara Guru* nakladatelství Sixty-Eight Publishers, Corp.

1989 Cestuje do Čech. Při listopadových událostech natáčí videodokument, uvedený ve Spojených státech nekomerční televizní společností PBS. Spolu s Emilou Medkovou a Magdalénou Robinsonovou je autorkou fotografického doprovodu k povídkové knize českých spisovatelek (mezi nimiž nechybí její matka) *Křehké jistoty*.

1996 Sepisuje *Útržky života*. S historikem umění Zdenkem Primusem připravuje putovní retrospektivu *Tváře času / The Faces of Time* a souběžně se podílí na pořádání souborné výstavy Vladimíra Fuky *Cesta labyrintem / Journey into the Labyrinth*.

1998 Umírá její manžel David H. Engle.

2002 Po pětatřiceti letech se vrací do rodné Prahy. Pokračuje v umělecké činnosti včetně malování a osobních i kolektivních výstav. Dělí čas mezi Prahu a cesty do Savojských Alp či Paříže, kde žije dcera Ivana, která vede úspěšné studio grafického designu. Vnuk Boris je ekonomickým poradcem pro Francii v Silicon Valley v Kalifornii.

Solo Exhibitions / Samostatné výstavy

1947 *Eva Podešvová, Vladimír Fuka: Gouaches and Drawings*, Gallery of Artists, Sofia
1961 *Fotografie*, Galerie Fronta, Praha
1963 *100 fotografií*, Dům pánů z Kunštátu, Brno
1965 *Stopy / kódy / hry / horizonty*, Československý spisovatel, Praha
1979 *Photography, 1950–1960*, Neikrug Galleries, New York
1980 *Photographs*, Kew Gallery, Norwalk, Connecticut
1981 *Photo – Collages*, Silvermine Guild Arts Center, New Canaan, Connecticut
1985 *Painted with Lights*, Art/Place Gallery, Southport, Connecticut
1986 *Eva FUKA FOTO Art*, Silvermine Galleries, New Canaan, Connecticut
1990 *Images from the Past*, Artspace, New Haven, Connecticut
1992 *Photographs*, Queens College Art Center, New York
1993 *Eva Fuka: Photography Art*, Renova Gallery, Kent – Warren, Connecticut
1996 *Tváře času / The Faces of Time*, Galerie Václava Špály, Praha; Galerie 4, Cheb; Galerie Caesar, Olomouc
2000 *The Faces of Time*, Czech Center, New York
2001 *New York '64*, Pražský dům fotografie – Prague House of Photography
2002 *Gardens of Peace*, Queens College Art Center, New York
2002 *Fotografie*, Frenštátské muzeum, Frenštát pod Radhoštěm
2003 *Eva Fuka: Photographs*, La Galeria ART... on paper / 20th Century Art Books, Lugano
2007 *Eva Fuková: Fotografie*, Museum Kampa, Praha

Selected Group Exhibitions / Účast na skupinových výstavách (výběr)

1958 *Bilance 1958*, Uměleckoprůmyslové museum v Praze, Praha
1958 *I. celostátní výstava uměleckých fotografií*, ÚLUV, Praha; Brno
1958 *I. celoštátna výstava umeleckej fotografie*, Bratislava; Košice
1958 *I. medzinárodná výstava umeleckej fotografie*, Bratislava
1959 *I. mezinárodní výstava uměleckých fotografií*, Praha
1959 *Fotografie 59*, Praha
1961 *Bilance 1960*, Uměleckoprůmyslové museum v Praze, Praha
1965 *Pražský fotosalon*, Obecní dům, Praha
1966 *Surrealismus a fotografie*, Kabinet fotografie Jaromíra Funka, Dům pánů z Kunštátu, Brno
1966 *Surrealismus und Fotografie*, Folkwang Museum, Essen
1966 *International Photography*, Tokyo
1978 The International Alliance of Artists, New Haven, Connecticut
1979 The Connecticut Art Directors Club, New Haven, Connecticut
1980 *Photography in Silvermine*, Silvermine Galleries, Connecticut

1985 *Sculptors and Photographers*, Silvermine Galleries, Connecticut
1985 *Prints Ensuite*, Katonah Gallery, New York
1987 *Three Points of View: Eva Fuka, Phillip Trager, Peggy Vick*, The Walsh Art Gallery at Fairfield University, Connecticut
1989 *Czechoslovak Photography 1945–1989 / Československá fotografie 1945–1989*, Valdštejnská jízdárna, Praha
1990 *The Surrealist Spirit in Czech Photography*, Robert Koch Gallery, San Francisco
1992 *Czechoslovak Photography in Exile 1939–1989 / Československá fotografie v exilu 1939–1989*, Výstavní síň SVU Mánes, Praha
1993 *Unfettered Photographs*, The Carriage Barn Arts Center, New Canaan, Connecticut
1993 *Czech and Slovak Photography from Between the Wars to the Present*, Fitchburg Art Museum, Massachusetts (traveling exhibition)
1996 *A History of Women Photographers (1850–1975)*, The New York Public Library, New York (traveling exhibition)
1998 *Česká fotografie 1939–1958 ze sbírek Moravské galerie v Brně*, Moravská galerie, Brno
1999 *100 Years of Photography: Personal Visions of the 20th Century: The Art and Technology*, The Discovery Museum, Bridgeport, Connecticut
1999 *My 1948–1989 / Fotografie ze sbírky Moravské galerie v Brně*, Moravská galerie, Brno
2000 *Society through the Lens 1918–1989. Photographs from the Collection of the Moravian Gallery, Brno / Společnost před objektivem 1918–1989; Fotografie ze sbírky Moravské galerie v Brně*, Obecní dům, Praha
2001 *Photography as Art in Czechoslovakia 1959–1968. From the Photographic Collection of the Moravian Gallery / Fotografie jako umění v Československu 1939–1958. Z fotografické sbírky Moravské galerie v Brně*, Brno, Moravská galerie
2003 *Paris Photo*, Leica Gallery Prague, Paris
2004 *Paris Photo*, Leica Gallery Prague, Paris
2004 *Nyonyosi – puritáni – andělé. Eva Fuková & Libuše Šlezarová*, Galerie Caesar, Olomouc
2005 *Czech Photography of the 20th Century / Česká fotografie 20. století*, Uměleckoprůmyslové museum v Praze, Galerie hlavního města Prahy – Dům U Kamenného zvonu, Praha
2005 *The Birth of a Muse / Zrození Múzy*, Galerie 4, Cheb

Represented in Galleries / Zastoupení ve sbírkách

Akron Art Museum, Akron, Ohio
Folkwang Museum, Essen
Galerie výtvarného umění, Benešov
Moravská galerie, Brno
Pražský dům fotografie – Prague House of Photography, Praha
Queens College Art Center, New York
The International Center of Photography, New York
The Minneapolis Institute of Arts, Minneapolis, Minnesota
The Museum of Modern Art, New York
The Navigator Foundation, Boston, Massachusetts
The William Benton Museum of Art, University of Connecticut, Connecticut
Uměleckoprůmyslové museum v Praze, Praha

Bibliography / Literatura

Books / Knihy

Hrbas, Miloš (ed): *Light and Shadow*, Praha, Artia 1959.
Řezáč, Jan & Prošek, Josef (ed.): *Memory in Black and White*, Praha, Artia 1961.
Frynta, Emanuel: *Eva Fuková*, Praha, SNKLU 1963.
Skopec, Rudolf: *Dějiny fotografie v obrazech od nejstarších dob k dnešku*, Praha, Orbis 1963.
Orbis Pictus aneb Svět v objektivu, Praha, Mladá fronta & Smena & Naše vojsko 1964.
Řezáč, Jan (ed): *Umělecká fotografe*, Praha, SNKLU 1964.
Holub, Miroslav & Fuková, Eva & Lukas, Jan & Novotný, Miloň & Šechtlová, Marie: *New York*, Praha, Mladá fronta 1966.
Mašín, Jiří & Prošek, Josef (ed.): *Československá fotografie, Pražský fotosalon 1965*, Praha, Odeon 1967.
Podešvová, Marie & Podešva, František: *Malířův život*, Ostrava, Profil 1973.
Browne, Turner & Partnow, Elaine: *Macmillan Biographical Encyclopedia of Photographic Artists and Innovators*, New York, Macmillan 1983.
Capa, Cornell & Broecker, William L. (eds): *International Center of Photography Encyclopedia of Photography*, New York, Crown 1984.
Balajka, Petr (ed): *Encyklopedie českých a slovenských fotografů*, Praha, ASCO 1993.
Král, Petr: *Fotografie v surrealismu*, Praha, Torst 1994.
Horová, Anděla (ed.): *Nová encyklopedie českého výtvarného umění*, Praha, Academia 1995.
Dufek, Antonín & Primus, Zdenek (ed.): *Eva Fuka(ová). The Faces of Time. Tváře času*, Paris & Praha, Ernest Sturm 1996.
Jirous, Ivan M.: *Magorův zápisník*, Praha, Torst 1997.
Malý, Zbyšek (ed.): *Slovník českých a slovenských výtvarných umělců 1950–1998*, Ostrava, Výtvarné centrum Chagall 1998.

Alan, Josef (ed.): *Alternativní kultura. Příběh české společnosti 1945–1989*, Praha, Lidové noviny 2001.

Illustrations / Ilustrace

Čapek, Karel: *Život a dílo skladatele Foltýna*, Praha, Československý spisovatel 1960.
Mácha, Karel Hynek: *Jasná noc mě vzhůru vábí…*, Praha, Československý spisovatel 1961.
Hájek, Jiří (ed.): *Plamen. Měsíčník pro literaturu, umění a život* 3, 1961, č. 3, s. 2 obálky, s. 56, 60, 65, 70, 74, 87, 96, 151.
Weiss, Jan: *Dům o tisíci patrech*, Praha, Naše vojsko 1964.
Müllerová, Hana (ed.): *Křehké jistoty. Povídky současných českých autorek*, Praha, Československý spisovatel 1989.
Denemarková, Radka: *A já pořád, kdo to tluče*, Brno, Petrov 2005.
Denemarková, Radka: *Peníze od Hitlera*, Brno, Host 2006.

Exhibition catalogues / Katalogy výstav

Jírů, Václav: *I. celostátní výstava uměleckých fotografií*, Praha, Dům výstavních služeb 1958.
Kolář, Jiří: *Eva Fuková / Fotografie*, Praha, Galerie Fronta 1961.
Hetteš, Karel (ed.): *Bilance 1960. K druhé členské výstavě Skupiny průmyslových výtvarníků v Umělecké Besedě v Praze*, Praha, Svaz československých výtvarných umělců 1961.
Frynta, Emanuel: *Eva Fuková: 100 fotografií*, Dům umění města Brna, Brno 1963.
Padrta, Jiří: *Stopy / kódy / hry / horizonty*, Praha, Československý spisovatel 1965.
Zykmund, Václav: *Surrealismus a fotografie*, Brno, Dům umění města Brna 1966.
Fuka, Eva: *Photographs*, New York, Queens College Art Center 1992.
Fárová, Anna (ed.): *Czechoslovak Photography in Exile 1939–1989 / Československá fotografie v exilu 1939–1989*, Praha, Asociace fotografů 1992.
Forbes, Murray (ed.): *Czech and Slovak Photography from Between the Wars to the Present*, Boston, The Navigator Foundation 1993.
Primus, Zdenek (ed.): *Vladimír Fuka. Journey into the Labyrinth. Cesta labyrintem*, Paris & Praha, Ernest Sturm 1996.
Dufek, Antonín: *Česká fotografie 1939–1958 ze sbírek Moravské galerie v Brně*, Brno, Moravská galerie 1998.
Dufek, Antonín: *My 1948–1989; fotografie ze sbírky Moravské galerie v Brně*, Brno, Moravská galerie 1999.
Dufek, Antonín: *Society through the Lens 1918–1989. Photographs from the Collection of the Moravian Gallery, Brno / Společnost před objektivem 1918–1989 Fotografie ze sbírky Moravské galerie v Brně*, Brno & Praha, Moravská galerie v Brně & Obecní dům 2000.
Dufek, Antonín: *Photography as Art in Czechoslovakia 1959–1968. From the Photographic Collection of the Moravian Gallery. Fotografie jako umění v Československu 1939–1958. Z fotografické sbírky Moravské galerie v Brně*, Brno, Moravská galerie 2001.
Pastor, Suzanne & Hahn, Gena (ed.): *Eva Fuka: New York '64*, Praha, Odephil Editions 2001.
Primus, Zdenek: 2004 *Nyonyosi – puritáni – andělé. Eva Fuková & Libuše Šlezarová*, Olomouc, Galerie Caesar 2004.

Birgus, Vladimír & Mlčoch, Jan: *Czech Photography of the 20th Century. A Guide*, Praha, Kant 2005.
Birgus, Vladimír & Mlčoch, Jan: *Česká fotografie 20. století. Průvodce*, Praha, Kant 2005.
Moucha, Josef: *Gallery 4 Retrospective / Retrospektiva Galerie 4*, Cheb, Galerie 4 2005.

TV Documentaries / Televizní dokumentární filmy

Ještě jsem tady, pořad Terezy Brdečkové, Praha, Česká televize 2003.
Vracím se do země labyrintu, režie Aleš Kisil, Praha, Česká televize 2005.

Articles / Články

Grunwald, Helmut: Ein Schritt nach vorn, *Fotografie*, 1959, č. 3, s. 89–92.
Boček, Jaroslav: Výstava Evy Fukové, *Výtvarná práce*, 7. 6. 1961.
Boček, Jaroslav: Život proti tradici, *Kultura* 6, 1962, č. 20, s. 3.
Kolář, Jiří: Diskutujeme o současné fotografii, *Kultura* 6, 1962, č. 26, s. 7.
Reichmann, Vilém: O umělecké fotografii věcí, *Fotografie* 62, 6, 1962, č. 2, s. 28.
Boček, Jaroslav: Hovoří Eva Fuková, *Československá fotografie* 14, 1963, č. 2, s. 44.
Tausk, Petr & Dreyfuss, Jane: Czech Points on Surrealism, *Popular Photography*, February 1964, s. 75.
Jirous, Ivan: Eva Fuková, *Výtvarná práce* 13, 1965, č. 5, s. 6.
Scott, Martha B.: Her Pictures 'Romantic' without Sentimentality, *The Sunday Post*, Sept. 30, 1979.
Nishesh, Gagan Nicholas: Eva Fuka, *The Bridgeport Post*, May 31, 1990, s. 10–11 & 17.
Sobotka, Richard: Fotografie jako deník, *Tvar*, 1990, č. 41.
Šourková, Alena: Come-Back Evy Fukové, *Československá fotografie* 41, 1990, č. 8, s. 365–368.
Birgus, Vladimír: Eva Fuková, *Revue Fotografie* 34, 1990, č. 4, s. 48–53.
Peattie, Tara: Czech Charm. Eva Fuka's Photographic Works are on Display at a New Gallery in Warren, *The Fairfield County Advocate*, May 20, 1993.
Fuka-Engle, Eva: Byla jsem při tom..., *Československý týdeník*, 17. 11. 1994, Příloha A.
Fuková, Eva: *Útržky života*, strojopis 1996.
Hůla, Jiří: Důležité je vyjádřit přesně to, co cítíte, *Denní Telegraf*, 15. 5. 1996, s. 10.
Horová, Anděla: Vladimír Fuka, *Ateliér* 9, 1996, č. 10, s. 6.
Moucha, Josef: Retrospektiva Evy Fukové, *Ateliér* 9, 1996, č. 12, s. 12.
Moucha, Josef: Napříč labyrintem, *Literární noviny* 17, 1996, č. 22.
Jirousová, Věra: Multiplikované tváře času, *Lidové noviny*, 28. 5. 1996, s. 12.
Silverio, Robert: Mezi hrou a výpovědí / Eva Fuková, *Revue Labyrint*, 1996, č. 5, s. 41–42.
Roth, Wilhelm: Surrealismus des Alltags, *Frankfurter Rundschau*, 8. 3. 1997, č. 57, s. ZB 4.
Lander, David: Her Photos Transcend a Trying Background, *The Litchfield County Times Monthly*, August 1999, s. 15–16.
Vitvar, Jan H.: Eva Fuková: Nechci se opakovat, *MF Dnes* 12, 25. 9. 2001, č. 224, s. C6.
Fárová, Anna: Eva Fuková – New York '64, *Ateliér* 14, 2001, č. 21, s. 7.
Chuchma, Josef: Opsaný kruh fotografky Evy Fukové, *MF Dnes* 14, 16. 9. 2003, č. 217, s. B6.
Moucha, Josef: Eva Fuka: It's my world..., *The Heart of Europe*, 2006, č. 2, s. 30–33.
Moucha, Josef: Vize a zlomy. S Evou Fukovou o životě doma i v exilu, *Art & Antiques*, 2007, květen, s. 32–39.

List of Published Photographs

p. 2 Self-portrait, 1962
1 Flower, c. 1962
2 A Girl of the Red Army, 1945
3 A Girl of the Red Army, 1945
4 Sunday Afternoon, c. 1955
5 Mother and Son, 1955
6 Morning Mail, 1951
7 Black Sculpture, 1953
8 An Empty Street, 1952
9 Pig Fat, 1953
10 Disappointment, 1953
11 Autumn Leaves, 1953
12 Old Staircase, 1960
13 Coffee for Poets, c. 1955
14 House in the Park, c. 1959
15 Mariánské Lázně, 1957
16 A White Rose, 1955
17 Josef Sudek, 1960
18 Dead Reader, c. 1959
19 Jiří Kolář, c. 1954
20 Straw Wheel, 1952
21 Black Headlights, 1954
22 Divine Stone, 1955
23 Shadow, 1952
24 Michelangelo's Ear, 1955
25 Window, 1955
26 Baroque Street, 1956
27 Time Stood Still, 1957
28 Long Live Lovers!, 1960
29 Who Will Wake the Day?, 1956
30 Straw Head, 1958
31 Shapes, 1961
32 Metal Sun, c. 1956
33 Silver Necklace, 1962
34 Vesture, 1962
35 Kandinsky, 1962
36 Dancer, 1959
37 Snow Angel, 1953
38 Winter Street in Winter, 1958

39 Little Chalk Hands, c. 1960
40 In Kytlice, 1962
41 Reflection, 1954
42 Lightless Street, 1960
43 Imprisoned Sculptures, 1961
44 Bathtub, 1952
45 Terminal, 1957
46 Echo, 1955
47 Singer, 1954
48 Variety Show, 1953
49 Gas Lamp, 1952
50 Three, 1954
51 Hotel, c. 1952
52 Denmark, c. 1960
53 The Last Supper, c. 1959
54 Highway, 1958
55 Flags, c. 1958
56 Gallery Visitor, 1964
57 USA, 1964
58 Lunch Break, 1964
59 Comics, 1964
60 The World Trade Center, 1971
61 Washington's Hand, 1964
62 Skyline from a Helicopter, 1964
63 Shadows over the City, 1964
64 Coney Island Story, 1964
65 Broadway, 1964
66 Montmartre, c. 1963
67 Bo Diddley, 1964
68 USA, 1964
69 Brooklyn Bridge, 1964
70 No, 1979
71 A Walk in Quogue, 1973
72 Next Autumn, 1973
73 A Family from Milton, 1975
74 Cubistic House, 1980
75 Angels, 1986
76 A Vision, 1988
77 An Overcoat, 1995
78 Resting on the Grass, 1985
79 An Empty Nest, 1986
80 The Potato Family, 2004

Soupis publikovaných fotografií

s. 2 Autoportrét, 1962
1 Květ, c. 1962
2 Dívka Rudé armády, 1945
3 Dívka Rudé armády, 1945
4 Nedělní odpoledne, c. 1955
5 Matka a syn, 1955
6 Ranní pošta, 1951
7 Černá socha, 1953
8 Pustá ulice, 1952
9 Syrové sádlo, 1953
10 Zklamání, 1953
11 Podzimní listí, 1953
12 Staré schodiště, 1960
13 Káva pro pábitele, c. 1955
14 Dům v parku, c. 1959
15 Mariánské Lázně, 1957
16 Bílá růže, 1955
17 Josef Sudek, 1960
18 Mrtvý čtenář, c. 1959
19 Jiří Kolář, c. 1954
20 Slaměné kolo, 1952
21 Černé reflektory, 1954
22 Božský kámen, 1955
23 Stín, 1952
24 Michelangelovo ucho, 1955
25 Okno, 1955
26 Barokní ulice, 1956
27 Čas se zastavil, 1957
28 Ať žijí milenci!, 1960
29 Kdo zítra probudí den?, 1956
30 Slamněný profil, 1958
31 Tvary, 1961
32 Kovové slunce, c. 1956
33 Stříbrný náhrdelník, 1962
34 Roucho, 1962
35 Kandinsky, 1962
36 Tanečnice, 1959
37 Sněžný anděl, 1953
38 Wintrova ulice v zimě, 1958

39 Křídové ručky, c. 1960
40 V Kytlici, 1962
41 Zrcadlení, 1954
42 Ulice bez světla, 1960
43 Uvězněné sochy, 1961
44 Vana, 1952
45 Konečná stanice, 1957
46 Ozvěna, 1955
47 Singer, 1954
48 Varieté, 1953
49 Plynová lampa, 1952
50 Tři, 1954
51 Hotel, c. 1952
52 Dánsko, c. 1960
53 Poslední večeře, c. 1959
54 Dálnice, 1958
55 Vlajky, c. 1958
56 Návštěvnice galerie, 1964
57 USA, 1964
58 Polední přestávka, 1964
59 Komiks, 1964
60 Světové obchodní centrum, 1971
61 Washingtonova ruka, 1964
62 Obzor z helikoptéry, 1964
63 Stíny nad městem, 1964
64 Povídka z Coney Islandu, 1964
65 Broadway, 1964
66 Montmartre, c. 1963
67 Bo Diddley, 1964
68 USA, 1964
69 Brooklynský most, 1964
70 Ne, 1979
71 Procházka v Quogue, 1973
72 Příští podzim, 1973
73 Rodina z Miltonu, 1975
74 Kubistický dům, 1980
75 Andělé, 1986
76 Vidina, 1988
77 Svrchník, 1995
78 Odpočinek v trávě, 1985
79 Prázdné hnízdo, 1986
80 Bramborová rodina, 2004

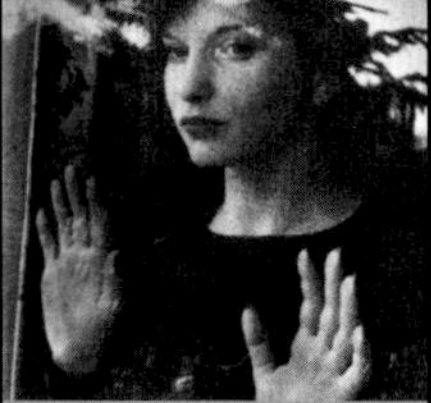

Alexandr **Hackenschmied**

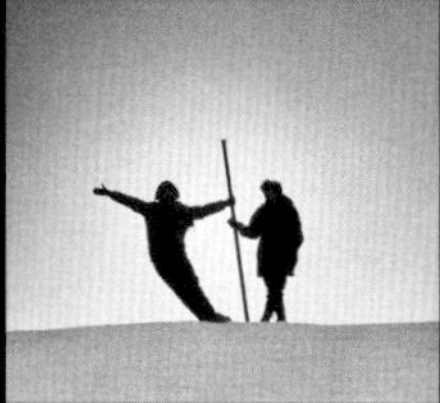

Bohdan **Holomíček**

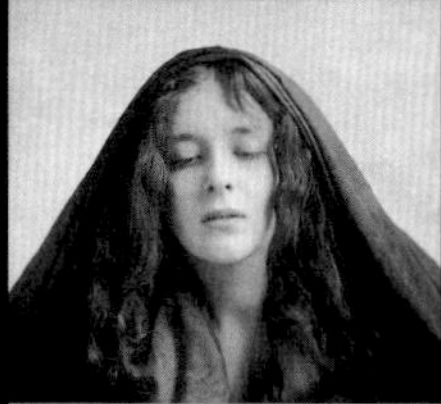

Alfons **Mucha**

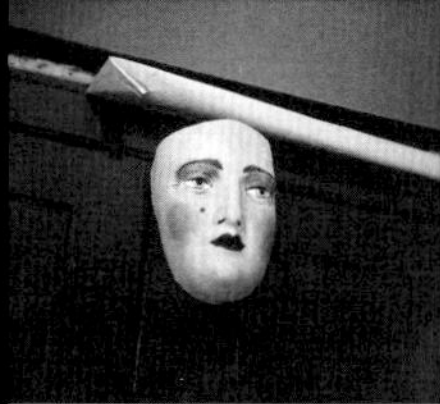

Jindřich **Štyrský**

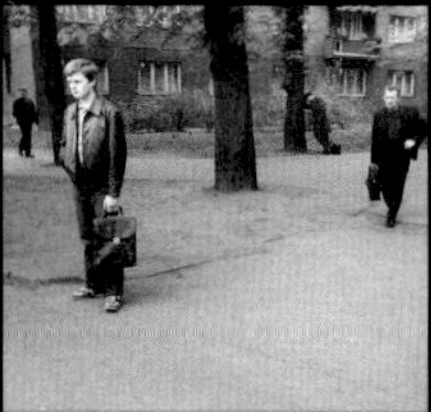

Viktor **Kolář**

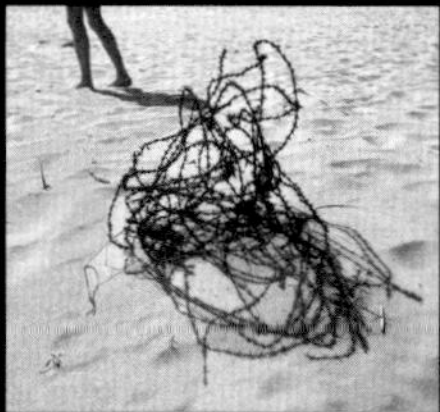

Josef **Koudelka**

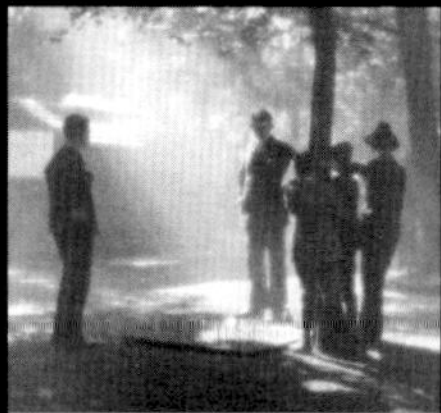

Josef **Sudek**

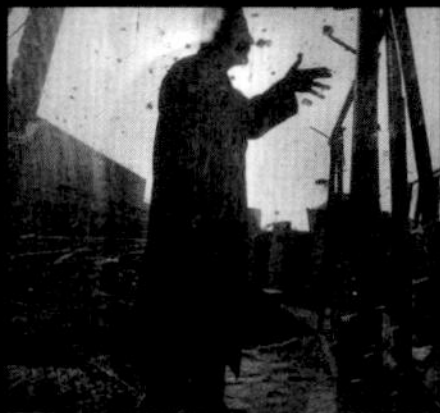

Antonín **Kratochvíl**

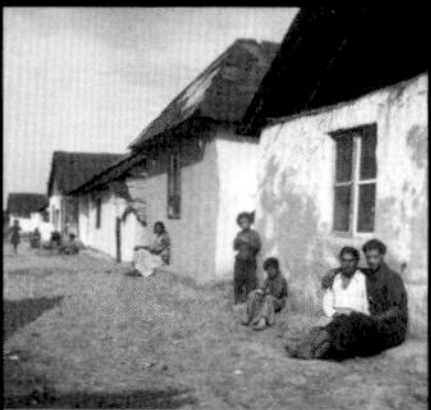

Eva **Davidová**

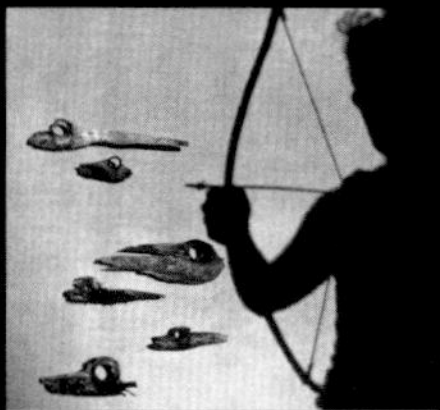

Emila **Medková**

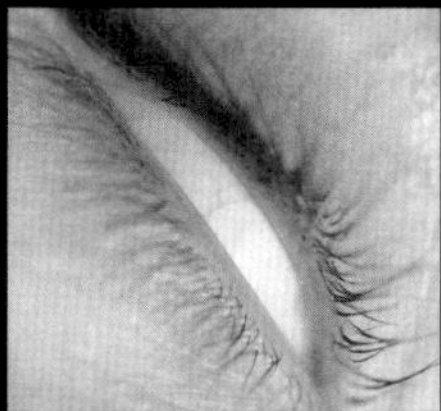

Tono **Stano**

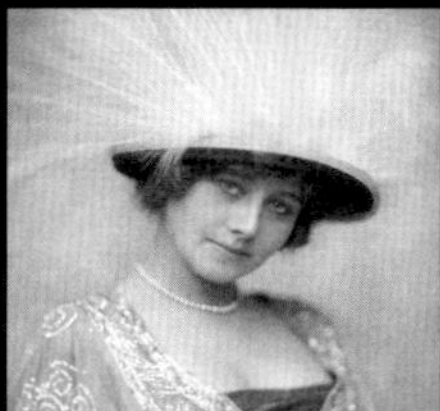

Jan **Langhans**

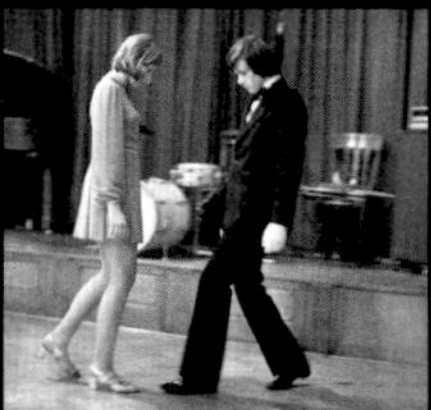

Iren **Stehli**

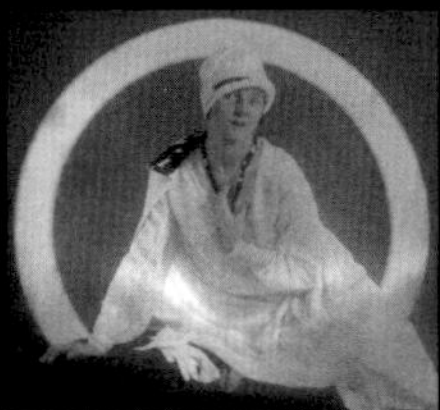

František **Drtikol**

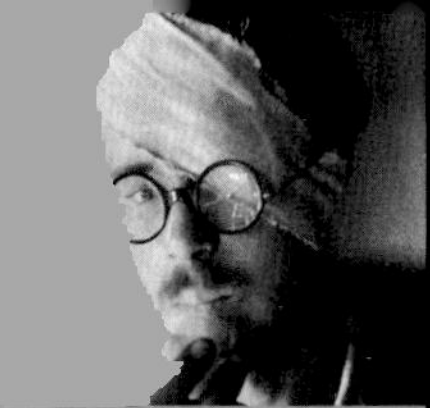

Zdeněk **Tmej**

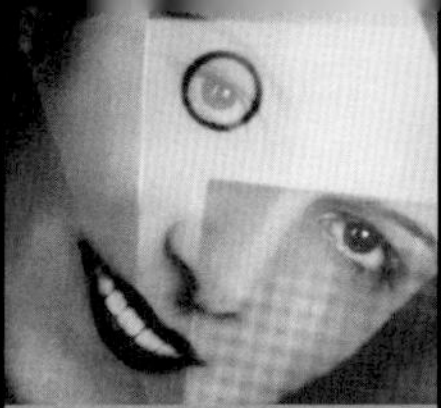

Jaroslav **Rössler**

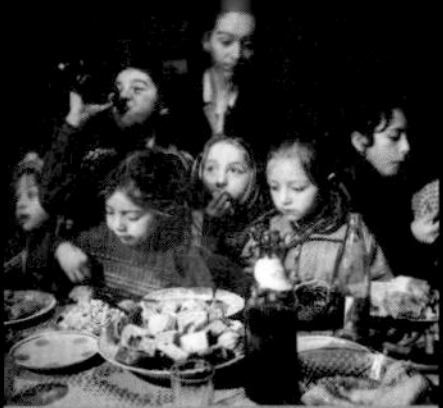

Karel **Cudlín**

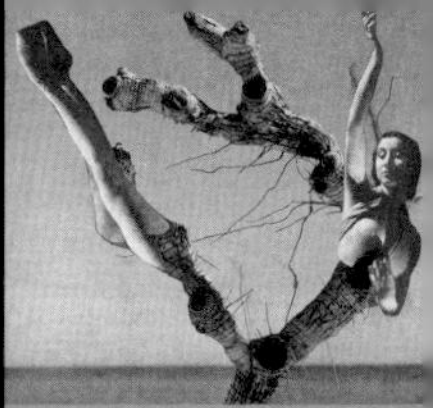

Karel **Teige**

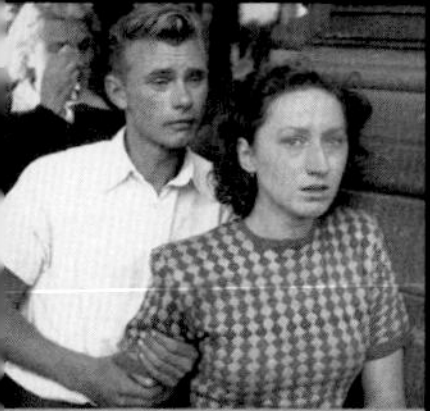

Jan **Lukas**

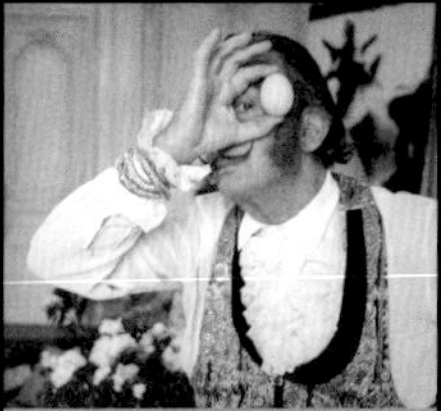

Václav **Chochola**

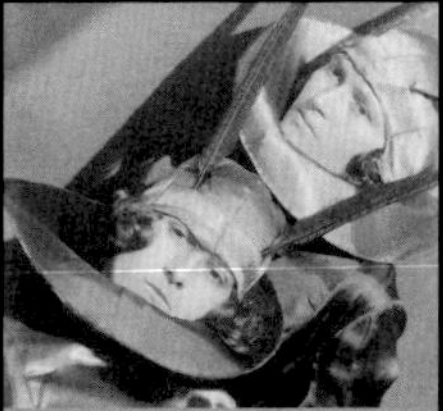

Jaromír **Funke**

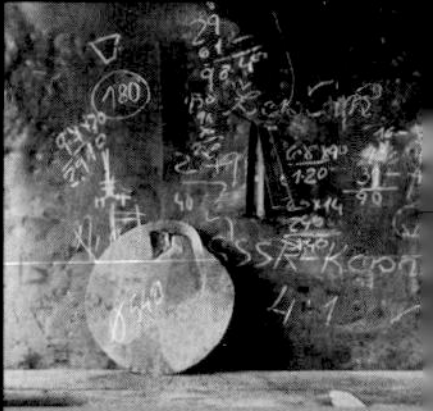

Ivo **Přeček**

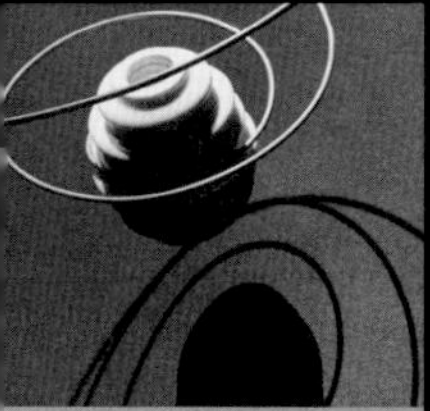

Eugen **Wiškovský**

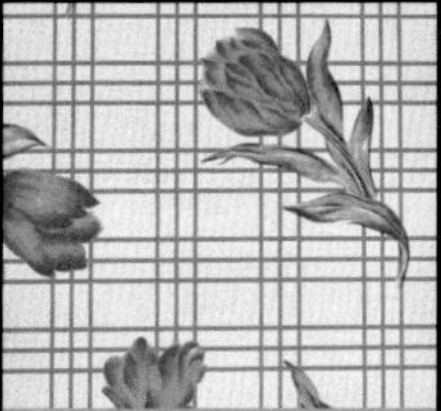

Dušan **Šimánek**

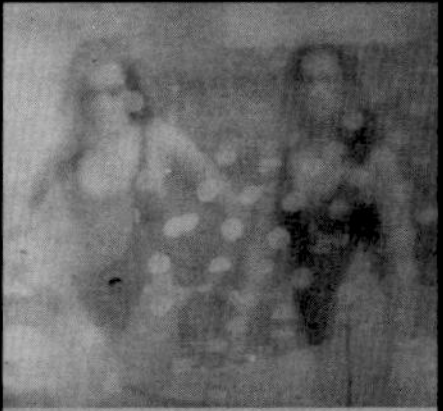

Miroslav **Tichý**

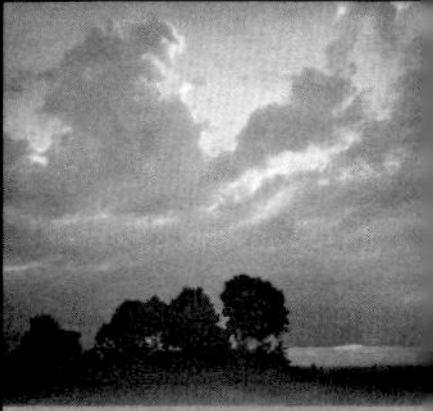

Josef **Binko**

Eva Fuková

by Josef Moucha
Photo selection: Josef Moucha
Translation: Derek & Marzia Paton
Graphic concept: Studio Najbrt, Prague
Graphic design: Pavel Lev & Klára Stíbalová, Studio Najbrt
Lithography: Art D, Prague
Printed by Trico, Prague
Copy editors: Jan Šulc, Deren Paton, and Ivana Fuka
Published by TORST
Address: Opatovická 24, Prague 1
CZ-110 00, Czech Republic
foto@torst.cz
First edition, 2007

Also available through D. A. P. / Distributed Art Publishers
155 Sixth Avenue, 2nd Floor, New York, N.Y. 10013, USA
Tel: ++1 (212) 627-1999 Fax: ++1 (212) 627-9484